CIENCIA E INNOVACIÓN DOCENTE
EN EL APRENDIZAJE DE LENGUAS EXTRANJERAS

— *Colección INNTED* —

CIENCIA E INNOVACIÓN DOCENTE EN EL APRENDIZAJE DE LENGUAS EXTRANJERAS

Editora

María A. Borrueco Rosa

Autores
(por orde de aparición)

María A. Borrueco Rosa
Esther Alberca Reina
Priscila Sánchez Soriano
Olga Hinojosa Picón
Cristina Martínez Fraile
Isabel Mateo-Cubero
Fátima Romera Hiniesta
Francisco Sánchez Romero
María García Fernández

EGREGIUS
ediciones

CIENCIA E INNOVACIÓN DOCENTE EN EL APRENDIZAJE DE LENGUAS EXTRANJERAS

Ediciones Egregius
c/ Profesor Tierno Galván, 21, 41910 - Camas, Sevilla
www.egregius.es

Diseño de cubierta e interior: Francisco Anaya Benitez

© Los autores

1ª Edición. 2018

ISBN 978-84-17270-14-8

ÍNDICE

PRESENTACIÓN

La historia de los métodos de enseñanza de lenguas extranjeras evidencia una evolución constante desde principios del siglo XX hasta nuestros días. De teorías del aprendizaje conductistas y fundamentadas en el estructuralismo se evolucionó a un paradigma de enfoque comunicativo y basado en la teoría constructivista del conocimiento. El cambio de siglo puso en valor la aplicación de recursos metodológicos nuevos hasta configurar un entorno de aprendizaje en el que destaca sobre todo la aplicación de metodologías activas para desarrollar la competencia comunicativa en el hablante.

En este contexto surge la iniciativa que aquí presentamos. Un volumen monográfico que tiene por objetivo aportar experiencias prácticas, en unos casos, reflexiones teóricas, en otros. Comparten todas una perspectiva común del proceso de aprendizaje, que sitúa al alumno en el centro del paradigma docente, aunque bajo un prisma nuevo. Se intenta abrir camino a investigaciones de carácter interdisciplinar, en la que los recursos de aprendizaje aplicados por el docente no solo se fundamenten en criterios derivados de la materia que se imparte, sino también en un conocimiento cada vez más preciso sobre el principal órgano de aprendizaje: el cerebro.

De forma paralela a la evolución de los métodos de enseñanza se ha desarrollado, sobre todo desde los años 90 del pasado siglo, una investigación centrada en el funcionamiento cerebral que ha sido de gran influencia en todas las áreas de conocimiento del ser humano. Estos estudios evidencian que en el proceso de aprendizaje en general hay factores determinantes que impulsan o inhiben el conocimiento y el desarrollo de destrezas.

Es objetivo de este volumen monográfico presentar una línea de investigación que plantea un camino interdisciplinar de investigación, aunando conocimientos neurocognitivos y metodologías de aprendizaje aplicadas al aprendizaje de lenguas extranjeras. Como punto de partida se presentan las líneas generales que definen la *neurodidáctica,* una disciplina nueva que, aunque se halla en sus inicios, ya da muestras de consolidación a través de los parámetros que la definen y la proliferación de estudios e investigadores interesados en sus preceptos.

Se plantea analizar los fundamentos científicos que explican el éxito de las metodologías activas, que justifican los entornos auténticos de aprendizaje, que evidencian la necesidad del aprendizaje colaborativo o que demuestran que la relación emocional adecuada en el aula impulsa el proceso de aprendizaje en general, y el de las lenguas extranjeras en particular. Son objeto de interés igualmente la inducción al autoaprendizaje como complemento del proceso de aprendizaje en el aula y la necesidad de procesos metacognitivos para plantear metas de forma responsable en el alumno. Desde la perspectiva pedagógica se presenta un análisis de las necesidades docentes para este perfil de enseñanza. El multilingüismo y sus efectos en el aprendizaje simultáneo de dos o tres lenguas adicionales a la materna aportan al volumen una visión diferente a la tradicional, al considerar los efectos positivos de esta interrelación en el cerebro multilingüe. Y finalmente incluimos un estudio sobre los recursos online que complementa el conjunto de aportaciones sobre los procesos de enseñanza/aprendizaje.

Reivindica en definitiva esta recopilación de estudios la necesidad de un camino nuevo de investigación que considere un proceso de aprendizaje adecuado al cerebro para generar motivación en el alumno y la aplicación de recursos pertinentes por parte del docente, que adquiere un perfil totalmente diferente al tradicional desde la perspectiva pedagógica.

El **Capítulo 1** presenta los fundamentos de la neurodidáctica, ámbito de investigación interdisciplinar entre ciencia y aprendizaje de la L2. La necesaria interacción entre neurocientíficos y docentes o didactas se plasma en esta colaboración entre la Dra. María A. Borrueco Rosa (Directora del grupo de investigación HUM809 y Doctora en Didáctica de la Lengua por la Universidad de Sevilla) y la Dra. Esther Alberca Reina (Dra. en Neurociencias por la Universidad Pablo de Olavide de Sevilla). Se plantea como objetivo este estudio didáctico asentar las bases de esta colaboración científica y establecer las líneas de actuación futuras para consolidar un camino de investigación que intente establecer una relación directa entre procesos cognitivos y actuaciones docentes.

Con este fin tiene continuación esta colaboración interdisciplinar en el **Capítulo 2** (Dra. Esther Alberca Reina y Dra. María A. Borrueco Rosa) que presenta los procesos cognitivos más relevantes, y que hacen posible la transferencia y adquisición de conocimientos. En este sentido juegan un papel fundamental la percepción de estímulos, la atención, la memoria de corto y de largo plazo, la recuperación de información almacenada y su asociación con nueva información, entre otros aspectos. Es de relevante interés conocer estos procesos, así como los factores que influyen en ellos: la emoción asociada a la experiencia cognitiva, la motivación, el grado de implicación y la relevancia del estímulo, por ejemplo. Surge de esta colaboración interdisciplinar el fundamento teórico para los siguientes capítulos desarrollados en este volumen monográfico, constituyendo una aportación de gran relevancia pues representa el punto de partida científico para planteamientos de investigación futuros.

El **Capítulo 3** presenta bajo el prisma de la Profa. Priscilla Sánchez Soriano (Universidad Pablo de Olavide) la necesidad de considerar la metacognición como recurso en el aula. Así la evaluación emocional de los estímulos novedosos se presenta como un paso obligatorio y fundamental en la secuencia de procesos cognitivos que conforman el aprendizaje. Dicha valoración tiene lugar, principalmente, en el sistema límbico, y tiene como objetivo básicamente la adaptación exitosa al medio. Se defiende que el docente debe fomentar la deconstrucción del propio proceso de aprendizaje, invitando al discente a realizar un trabajo de posicionamiento crítico ante el objeto, sujeto y contexto de su aprendizaje. Es objetivo de este estudio dar a conocer los procesos deconstructivos en el aula como parte necesaria del proceso y aportar argumentos en favor de un proceso de enseñanza/aprendizaje fundamentado en el equilibrio entre cognición y emoción.

La estrecha relación entre emoción, motivación y actuación queda reflejada en la aportación que conforma el **Capítulo 4** presentada por la Dra. Olga Hinojosa Picón (Universidad de Sevilla). El objetivo de su contribución consiste en ilustrar cómo puede desarrollarse en el ámbito universitario un tipo de aprendizaje activo en el aula, en el que el alumno no se limite a escuchar, sino que participe activamente construyendo su propio conocimiento de la materia impartida. Para ello parte de los fundamentos que definen el cerebro proactivo en unión de los presupuestos teóricos en los que se basan los enfoques comunicativos actuales para crear un entorno de aprendizaje basado en el proceso y no exclusivamente en los resultados. Centra su atención en el papel que desempeña el profesor en un aula entendida como un grupo, en el que es el alumno el verdadero protagonista del aprendizaje. Para ello presenta una experiencia práctica desarrollada en el aula, el protocolo de actuación llevado a cabo y los resultados registrados.

En la misma línea experimental presenta la Dra. Cristina Martínez Fraile (Universidad de Sevilla) en el **Capítulo 5** las experiencias llevadas a cabo en el aula en relación con el aprendizaje colaborativo como protagonista. La Dra. Martínez aborda el concepto de cerebro social en el contexto de trabajos cooperativos realizados por alumnos. Ha podido observar que el aspecto social impulsa el aprendizaje significativo, evidenciando de esta forma la necesidad que tiene el cerebro de relacionarse para desarrollar conocimiento y aprender. Destaca la autora que del factor social e interpersonal deriva otro componente, el emocional, un elemento que contribuye a crear una conciencia de grupo dentro del cual se establece una relación de tutoría entre iguales, ya que suelen compartir los mismos niveles de conceptualización de la realidad, lo que constituye un elemento enriquecedor para el estudiante que aprende en grupo.

El **Capítulo 6** presenta la experiencia llevada a cabo por la Profa. Isabel Mateo Cubero en relación con la inducción de estrategias metacognitivas necesarias para gestionar de forma eficiente el propio proceso de aprendizaje. Recurre para ello a la aplicación del portafolio como herramienta de aprendizaje autónomo y de apoyo a la labor realizada en el aula. Muestra cómo la mediación del docente se produce en escasas y breves sesiones grupales y en revisiones evaluadoras virtuales, posibilitando así al alumno ser protagonista de su propio proceso de aprendizaje. Es objetivo de esta contribución presentar esta herramienta como recurso metodológico para inducir la autonomía del aprendizaje e inducir a la práctica reflexiva. La recuperación de la información derivada de los resultados de esta acción autónoma, metacognitiva y de autoaprendizaje por parte del docente, permitirá la implementación de estrategias de mejora en el aula a la vez que desarrollan en el alumno las competencias de aprendizaje autónomo deseadas.

El **Capítulo 7** presenta las líneas generales de un nuevo perfil docente. El estudio, llevado a cabo por la Dra. en Pedagogía Fátima Romera Hiniesta (Grupo de Investigación HUM809), trata de establecer las bases para ese nuevo perfil de docente del siglo XXI que responda a un nuevo paradigma y que considere no solo contenidos y estrategias docentes sino también aspectos neurodidácticos derivados de la investigación neurocognitiva aplicada a la enseñanza. Presenta la autora un análisis contrastivo para mostrar las diferencias en la gestión con respecto al docente tradicional, en cuanto a diseño de recursos metodológicos e interacción en el aula. En este sentido, los avances en neurociencia cognitiva permiten al docente conocer las particularidades del sistema nervioso y el funcionamiento cerebral durante el proceso de aprendizaje y relacionar este conocimiento con el comportamiento de sus alumnos, su propuesta de aprendizaje, su actitud, el ambiente del aula, entre otros factores.

El **Capítulo 8** presenta de nuevo bajo el prisma de estudio interdisciplinar la colaboración entre la Dra. María A. Borrueco Rosa (Doctora en Didáctica) y el Dr. Francisco Romero Sánchez (Universidad de Sevilla), que tiene por objeto abordar la interacción entre una L2 y una L3. El estudio presenta el intento de adentrarse en el funcionamiento del cerebro multilingüe. Cuando se plantean estudios didácticos o metodológicos contrastivos, generalmente se considera la relación binaria lengua materna/lengua extranjera como punto de partida para los planteamientos de investigación. La realidad nos sitúa en un escenario que trasciende el bilingüismo y plantea el multilingüismo como contexto de futuro. Si durante años se consideró la interacción multilingüe como negativa, dada las muestras de interferencia lingüística que se manifiestan, investigaciones recientes en neurociencia cognitiva dan buena muestra de los beneficios del cerebro multilingüe en el hablante. Se muestra que para el aprendiente de lenguas extranjeras la interacción entre lenguas supone un enorme beneficio lingüístico, dado que desarrolla mayor conciencia lingüística, facilitando la integración de una nueva lengua en sistemas lingüísticos preexistentes.

Cierra este monográfico el **Capítulo 9**, un estudio centrado en los entornos virtuales de aprendizaje realizado por la Profa. María García Fernández (Universidad de Granada). Las nuevas plataformas en línea plantean al docente la necesidad de conocer nuevas estrategias de enseñanza-aprendizaje que respondan a las necesidades de la educación a distancia. En este estudio se presentan los actuales espacios virtuales en los que se aprenden lenguas extranjeras y se comenta su potencial dentro de contextos formales de enseñanza. Se introduce el uso de las plataformas virtuales Italki y Verbling, así como las reflexiones críticas sobre la utilidad de estas para el desarrollo del aprendizaje docente-alumno. Finalmente se presentan de forma práctica una serie de herramientas con las que se lleva a cabo la creación y la explotación de materiales adaptables a un espacio virtual y su posterior evaluación en un curso en línea.

Quisiera finalmente destacar que la línea de investigación que aquí se presenta aborda con entusiasmo el reto de alejarse de neuromitos no fundamentados, para centrar las conclusiones en evidencias del funcionamiento cerebral y de esta forma abrir camino a nuevas conclusiones de forma rigurosa, siempre con el ánimo de aportar, en lo posible luz, al difícil camino de la docencia y al aprendizaje motivado y adecuado al cerebro.

Dra. María A. Borrueco Rosa

Directora del Grupo de Investigación HUM809
Lengua y Lingüística Alemanas y neurociencia aplicada a la L2

NEURODIDÁCTICA: UN CAMINO PARA INTEGRAR LOS PROCESOS NEUROCOGNITIVOS EN LOS FUNDAMENTOS DE ENSEÑANZA/APRENDIZAJE

Dra. María Borrueco Rosa
Universidad de Sevilla / España
Dra. Esther Alberca Reina
Universidad de Sevilla / España

Resumen

Los elementos implicados en el proceso de aprendizaje configuran un paradigma que puede ser analizado de diversas formas. Desde la perspectiva didáctica y metodológica tradicional se han obviado los procesos neurocognitivos responsables de los mismos, pues se consideraban ajenos al docente y en no pocas ocasiones innecesarios. Generalmente solo han sido objeto de análisis los recursos metodológicos específicos, para poner en marcha el proceso global de actuación en el aula. Proponemos un camino interdisciplinar de investigación, que intente establecer una relación directa entre procesos cognitivos, aprendizaje y actuaciones docentes, con el propósito de demostrar cómo una actuación adecuada al cerebro puede facilitar e impulsar el desarrollo de destrezas y la creación de conocimiento. Para ello hemos considerado un análisis de los elementos básicos participantes en el proceso de aprendizaje desde la perspectiva neurodidáctica: sujeto y objeto de aprendizaje como elementos directamente implicados desde la perspectiva neurocognitiva, y docente como elemento conductor en el paradigma. Se evidencia como resultado del análisis la viabilidad de la investigación interdisciplinar propuesta, con conclusiones que abren un camino esperanzador de investigación científica aplicada a los procesos de aprendizaje en general, y a las lenguas extranjeras, en particular.

Palabras claves

Neurodidáctica, neurociencia cognitiva, didáctica, metodología de la enseñanza, L2.

Introducción

Es objetivo del presente estudio contribuir a la visibilidad de una corriente de pensamiento, que se abre paso con fuerza en el ámbito educativo y que plantea la necesidad de considerar además de fundamentos didácticos, metodológicos y pedagógicos, avances pertinentes desde la perspectiva científica. Es decir, plantear la posibilidad de establecer puentes entre disciplinas muy alejadas en sus ámbitos de investigación (Bernarós, 2010) pero que muestran además de una compatibilidad evidente, un potencial enorme en cuanto a la optimización de los procesos de aprendizaje en el aula.

Desde finales del siglo pasado se han desarrollado técnicas avanzadas que permiten no solo la descripción física del cerebro, sino también el registro mediante imágenes computarizadas del funcionamiento cerebral, de la actuación e interacción entre los hemisferios, además de la constatación del funcionamiento biológico a nivel molecular y la importancia de los neurotransmisores en los procesos vitales del ser humano (Martín-Rodríguez, 2004). Estos aspectos novedosos han originado una corriente entre docentes, ya no tan nueva, que intenta integrar esta perspectiva en el escenario de la enseñanza, en nuestro caso el escenario del aprendizaje de lenguas extranjeras.

Es una realidad que en numerosas ocasiones, y a pesar de los esfuerzos de docentes y alumnos, no se cumplen los objetivos de forma satisfactoria. El proceso de aprendizaje se bloquea. Los datos se olvidan. Las destrezas no se adquieren. Y el resultado es frustración en el que aprende y en el que enseña. En la actualidad, parece que, desde el punto de vista metodológico, se impone el objetivo constructivista de aprender siendo activo como vía de solución a métodos pasados, que no resultaban del todo efectivos. Pero como describe de forma acertada March (2006) *ser activo* significa considerar múltiples variables. Algunos ejemplos claros son los trabajos en grupo, el aprendizaje por descubrimiento, la metacognición activa en el aula, la aplicación de conocimientos a situaciones reales mediante actividades planificadas (como tareas o proyectos), la aplicación de TICS en plataformas virtuales y podríamos continuar con múltiples ejemplos que dan forma al concepto original.[1]La diversidad es tan enorme que es casi imposible incluirlos como parámetros de un mismo método.[2] Parece que la característica que determina los buenos resultados son la multidimensionalidad en la actuación del alumno y la variedad en el input y/o estímulo.

La constatación de este hecho ha llevado a plantear la pregunta de por qué en estos casos, aplicando las metodologías activas, los resultados son mejores que en otros, en los que la mera repetición y reproducción de modelos no es suficiente. En el contexto educativo se impone paulatinamente la idea de que de alguna forma este hecho está relacionado con el órgano responsable del conocimiento: el cerebro. Parece que se acepta de forma generalizada que el desarrollo de destrezas no solo depende del dato que transmitimos, sino también del medio, el modo y la forma en que emocionalmente aprendemos y enseñamos (Mora, 2013).

Este escenario nuevo resulta aún desconocido para muchos, es rechazado por otros y aún hoy en día no ha desarrollado una teoría clara y definida. Se debe esta circunstancia principalmente a que se halla en sus inicios y probablemente a que aún perviva una persistente corriente antimentalista, que cree firmemente en la transferencia de modelos e imitación del input como única metodología de enseñanza posible.

 Aun así, ya no suenan tan extraños términos como *neuroeducación, neurodidáctica, o neuroaprendizaje*. Estas disciplinas nuevas son consecuencia de la aplicación de investigaciones en neurociencia a la enseñanza y aprendizaje (Barrer, 2009), como ya es habitual en otras áreas del conocimiento humano. Son términos que hacen referencia a un tipo de aprendizaje conocido bajo la denominación de "BBL" por sus siglas (Brain Based

---

[1] Estos recursos responden a un concepto de metodología activa facilitadora de la asertividad del alumno como describe Lira (2010):

> "Según los estudios de Nickerson, Perkins y Smith (1994) basados en las investigaciones de Klausmeir, y con base en Beyer (1998, p.78), en el ámbito de las metodologías activas, se distinguen dos grandes grupos: A) los llamados modelos para fomentar el pensamiento entre los cuales se citan las estrategias de mapeo, el empleo de simulaciones mentales y el modelo de casos paradigmáticos; y B) los denominados socializantes, también registrados bajo el nombre de métodos de conceptos de proceso y los foros participativos o de discusión, se ubican también los procesos participativos, los transcursos dialógicos en los cuales mediante el uso del lenguaje y la expresión corporal, se fomenta el uso del pensamiento".

[2]Parece razonable el concepto presente de método como una integración de escenarios complementarios de forma ecléctica, pues no existe ningún método que recoja la complejidad del entorno del alumno actual marcado por la era digital y virtual, el desarrollo de las inteligencias múltiples, el conectivismo como enfoque imperante y una concepción perspectivista del conocimiento como postulan numerosos autores, March (2006) entre otros.

Learning) (Jensen, 2000) o en alemán "gehirngerechtes Lernen" (Herrmann, 2006).

Es necesario aclarar en este punto que el objetivo no es el desarrollo de un método. Es muy improbable que se llegue a hablar de un método *neurodidáctico*. Por el contrario se plantea un ámbito de conocimiento interdisciplinar, que considera el conocimiento neurocognitivo para dar explicación a los procesos de aprendizaje (Friedrich, 2006) y optimizar a la luz de los resultados de la investigación los recursos metodológicos del docente:[3]

> La neurodidáctica es una consecuencia transdisciplinaria, resultado de la interacción entre neurociencias, psicología y educación, por medio de la que el profesor coadyuva al aprendiz a desarrollar sus habilidades personales, actitudes y aptitudes, a través de sus conocimientos sobre los principios con que funciona el cerebro (Gesù/ Seminara, 2012).

Para acercarnos a sus preceptos es necesario, aunque sea de forma tangencial, adentrarnos en una descripción del aprendizaje y de los elementos implicados desde una perspectiva diferente, considerando qué aspectos favorecen y qué aspectos dificultan la actuación cerebral, tanto a nivel cognitivo como emocional.

Objetivos generales y específicos en la interacción ciencia y aprendizaje: los elementos implicados en el proceso de enseñanza/aprendizaje

Los elementos básicos implicados en el proceso de aprendizaje, también en el de la L2, son en principio el docente, como bien sabemos, el alumno y la materia que se imparte. La relación que se establece entre estos elementos ha sido muy diferente a lo largo de la historia.

Desde la perspectiva didáctica, la investigación siempre ha estado de alguna manera centrada en el docente, en su actuación, en su proceso de didactización, estableciendo así una estrecha relación entre docente y materia, lo que excluyó en un principio cualquier aspecto psicológico como parte del proceso de análisis. En el ámbito de la lengua alemana, resultado de esta interacción ha sido una sucesión de métodos que, aunque han intentado dar respuesta a la tarea de generar competencia lingüística en el aprendiz, centraron su atención primordialmente en el material lingüístico, lo que dificultaba la adquisición de la competencia comunicativa eficaz. Autores como Sánchez (2009) dan buena cuenta de ello.

No menos importante ha sido a lo largo de la historia la influencia de la psicología cognitiva y su rama aplicada, la psicolingüística, aportando teorías de la adquisición del lenguaje que indirectamente sustentaban la actuación de docentes y alumnos. Así, el conductismo fundamentó métodos como el de Gramática-Traducción, el situacional o el audio-lingual/ audio-visual (Muñoz, 2010). Todos ellos centraron su atención más en la lengua que en quien la aprendía. A finales del siglo XX, con la influencia del cognitivismo y su rama aplicada del constructivismo pedagógico (Siebert, 2005), surgen los primeros métodos que consideran la actuación central del que aprende. El actual paradigma docente ha sido el que finalmente ha situado al alumno, y sus necesidades comunicativas, en el centro del proceso de aprendizaje.

En la actualidad se presenta ante nosotros un reto de gran magnitud. La evolución tecnológica y nuevas realidades, como la virtual, hacen que los alumnos ya conocidos como "nativos digitales" requieran de los docentes un cambio de perspectiva profundo, si queremos adaptarnos con éxito a estos cambios. Se abren paso en la actualidad teorías como el conexionismo o conectivismo (Campanario, 2004) que intentan dar respuesta a esta nueva realidad. El contexto es, sin duda, cada vez más complejo.

En este paradigma docente irrumpe con fuerza la neurociencia (Barrera, 2009). Comienza a aportar luz sobre aspectos que aún no encuentran explicación desde los estudios tradicionales. Veamos algunas aportaciones que pueden ayudarnos a observar los elementos implicados en el proceso de aprendizaje de una forma novedosa.

a)   El sujeto de aprendizaje desde la perspectiva neurocientífica

Hemos comentado con anterioridad que en la actualidad el perfil del alumno está asociado al desarrollo de competencias y destrezas que se han de impulsar desde entornos de metodologías activas. Es un hecho constatado que se percibe en ellos claramente una actitud colaboradora como resultado de esta dinámica de actuación en el aula (March, 2006).

Si nos planteamos la posibilidad de optimizar estos procesos de aprendizaje desde la perspectiva neurocientífica, hemos de considerar qué factores son los que impulsan o bloquean la atención, percepción y memorización de estímulos. Cobra importancia así, por ejemplo, el estímulo multidimensional apoyado en medios acústicos, visuales, digitales, virtuales, contextos auténticos para crear conexiones neuronales intensas y duraderas (Grein, 2013)

Adquiere importancia, por ejemplo, la consideración de las emociones en la interacción docente y alumno (Mora, 2013). Se ha demostrado que la ausencia de estrés emocional extremo en el aula puede potenciar el filtro positivo de la experiencia de aprendizaje y generar ese conocido como cóctel bioquímico de neurotransmisores responsables de la atención (acetilcolina), la motivación e interés (dopamina) o el placer, bienestar, relajación y desactivación del miedo (serotonina), que además es la responsable (en su medida justa) de la fijación del conocimiento en la memoria a largo plazo (Grein, 2013).

Adquiere sentido la necesidad de interacción con el entorno para activar el proceso de aprendizaje social y adaptación al medio que muestra el cerebro (Álvarez, 2013). La necesidad social del cerebro justificaría el trabajo cooperativo y, sin duda alguna, los estudios centrados en este aspecto impulsarían a nivel didáctico herramientas de gran valor para la interacción positiva en el aula.

Aunque ya son muchos los docentes que reconocen los beneficios del aprendizaje autónomo, pocos son los que inducen el autoaprendizaje mediante estrategias cognitivas. Si consideramos el carácter autorreferencial del cerebro, surge como objetivo nuevo la necesidad de plantear de forma autónoma metas y estrategias de aprendizaje. Cómo inducir al alumno desde la perspectiva cognitiva sería un supuesto de investigación interesante.

Si consideramos el perfil específico del aprendiz de lengua extranjera, desde la perspectiva neurocientífica parece interesante someter a estudio los factores que determinan la velocidad de acceso semántico, la velocidad de aplicación de reglas gramaticales, determinar en qué momento se hace más necesaria la instrucción o la construcción autónoma de conocimientos.

Hasta el momento en el diseño de manuales solo se consideran situaciones, léxico y gramática y ejercicios de aplicación. La progresión es gramatical y la iniciación al léxico situacional. El contexto textual. Es decir, los objetivos responden en su mayoría a una aproximación puramente lingüística. Sería interesante establecer un criterio de progresión acorde con la evolución cognitiva en el cerebro, constatable mediante registros corticales, estudios comportamentales de activación de conocimientos y destrezas y de selección de situaciones acordes con el perfil del alumno según estudios motivacionales y de atención.

b)   La L2 como objeto de aprendizaje desde una perspectiva nueva

Con respecto a la materia que se imparte, la lengua extranjera o L2 en nuestro caso, el objeto de aprendizaje a lo largo del siglo XX y hasta el momento ha estado centrado en las características de la lengua, sus subsistemas (morfosintáctico, léxico-semántico, pragmático, funcional, situacional). En cambio desde la perspectiva neurocientífica cobra importancia cómo se relacionan estos sistemas lingüísticos en el cerebro (Bialystok, 1999).

En este sentido ya se postulan hipótesis sobre la configuración del cerebro bilingüe Así parece plausible la idea de que existen tantos subsistemas como lenguas en el cerebro (García, 2012). Pero además adquiere, por ejemplo, fuerza la hipótesis de la presencia de subsistemas compartidos por varias lenguas en cuanto a similitudes o divergencias existentes entre ellas, incluida la lengua materna.

Los estudios neurocognitivos podrían arrojar luz sobre qué postura tomar, por ejemplo, ante la inmersión absoluta en la lengua extranjera en el aula

(Díaz-Sánchez, 2013). Parece necesaria pues la revisión de algunos recursos exonerados como el análisis contrastivo entre lenguas en determinados momentos del proceso de aprendizaje o la confrontación consciente con las reglas gramaticales frente a la adquisición espontánea de las estructuras.

Parece que la automatización de procesos lingüísticos necesarios para la comunicación dependen tanto de la calidad (intensidad de nexos neuronales asociados a un estímulo) (Grein, 2013) como de la frecuencia de activación (uso activo de la lengua) pero no solo de estos factores, también de factores emocionales asociados al estímulo, relevancia para el sujeto (autenticidad del entorno, motivaciones personales), experiencias positivas o negativas asociadas al estímulo, etc. (Jakobs, 2006).

Podemos deducir tras lo expuesto que las nuevas conclusiones en torno a sujeto y objeto de aprendizaje afectarían directamente al perfil del docente. La percepción mecanizada del proceso podría verse sustituida por otros aspectos de gran valor didáctico, como los recursos emocionales o atencionales que, por supuesto, requieren de una formación específica en el docente.

Método de aplicación en el aula: la neurodidáctica

Ya hemos mencionado con anterioridad que, desde finales del siglo pasado, se han desarrollado de forma exponencial técnicas avanzadas que permiten no solo la descripción física del cerebro sino también el registro mediante imágenes computarizadas del funcionamiento cerebral (Escera, 2004)[4] Abordamos el intento de descripción de los procesos de aprendizaje en el cerebro, siendo conscientes de que corresponde por supuesto a la neurociencia establecer sus principios y no a los docentes. En este sentido resulta imprescindible la colaboración entre neurocientíficos y didactas, pues de esta retroalimentación surge el necesario carácter interdisciplinar de la investigación[5] dando sentido al nuevo ámbito de estudio, que ya muchos conocen como neurodidáctica.

La situación actual de la investigación ya nos permite extraer algunas ideas, aunque incipientes, en el ámbito de las lenguas extranjeras. Resultan muy

---

[4]Así, por ejemplo, mediante evidencias clínicas y de activación cortical observables por neuroimagen, se han podido derivar algunas conclusiones que comienzan a arrojar luz sobre cuestiones difícilmente constatables: las representaciones acústicas forman parte de la memoria declarativa, los significados se agrupan en la memoria declarativa, las reglas gramaticales parece que migran de la memoria declarativa hacia la memoria procedimental cuando se automatizan los procedimientos regulares (García, 2012).

[5]En este sentido quisiéramos mencionar a modo de ejemplo, la integración en el Grupo de Investigación HUM809 de la Universidad de Sevilla de doctores en neurociencia con el objetivo de impulsar una línea de investigación interdisciplinar y dar forma a estudios derivados de los parámetros de la neurodidáctica.

interesantes porque pueden ayudarnos a favorecer los mecanismos del aprendizaje. A pesar de los muchos interrogantes aún por resolver, se sabe que el cerebro funciona gestionando información mediante sinapsis neuronales. Las neuronas conectan mediante descargas eléctricas y transmiten información que es procesada mediante el intercambio de sustancias químicas entre moléculas (Herrera, 2004).

Como consecuencia de estas conexiones se van creando redes conceptuales que están preparadas para ser activadas cuando hay un estímulo externo. Si no se refuerzan desaparecen (Brand, 2016). Estamos hablando de la memoria. Los conocimientos y las destrezas dependen pues de la calidad de estas redes neuronales. Cuántas más conexiones en relación con una experiencia mejor resulta el anclaje en la memoria y su posterior activación.

Desde la perspectiva docente se ha planteado de forma tradicional la observación del proceso de aprendizaje de forma comportamental, sobre todo mediante la investigación en el aula. Desde la perspectiva neurodidáctica se plantea además la cuestión de cómo, por qué y para qué necesita el cerebro aprender.

La respuesta a estos interrogantes desde el ámbito neurocientífico es muy sencilla. El cerebro aprende porque necesita responder a las demandas del entorno. El aprendizaje es, pues, respuesta a una demanda del exterior (Álvarez, 2013). Para ello el cerebro crea y consolida conexiones neuronales relevantes, mientras elimina las inútiles o poco relevantes (Cendoya, 2009), dando respuesta a ese problema planteado desde el exterior que tiene que solventar.

¿Cómo se produce este proceso? La información recibida desde el nacimiento se integra en un todo. Y cualquier información nueva altera la estructura. A esta capacidad de modificar la estructura cerebral se le denomina neuroplasticidad. Según los avances en neurociencia podemos por lo tanto afirmar que la neuroplasticidad es la base estructural del aprendizaje. Veamos algunos ejemplos ya documentados de conclusiones científicas que pueden considerarse en el aula y que fundamentan el ámbito de la neurodidáctica.

1. La neuroplasticidad del cerebro y el concepto de progresión cíclica

El cerebro aprende interpretando nuevas experiencias en base a las que tiene anteriormente. Solo es posible el conocimiento si se produce una modificación de las estructuras neuronales Grein, 2013). Esta circunstancia es de gran relevancia y tiene consecuencias didácticas muy importantes. No es posible el aprendizaje si no se crean nuevas conexiones sobre redes neuronales anteriores. Por lo tanto, solo es posible generar una competencia fundamentando el conocimiento declarativo o procedimental sobre conocimiento anterior.[6] Como docentes debemos pues considerar con toda precisión la progresión en el aprendizaje y determinar como punto de partida no solo la información nueva, sino al mismo tiempo los conocimientos previos existentes en el alumno (ejercicios de feed back y/o monitoreo), por un lado, y los conocimientos o destrezas absolutamente necesarios como precedentes al nuevo conocimiento y/o destreza que queremos impulsar, por otro. No es posible el conocimiento si no está fundamentado en otro anterior. No es posible la destreza sin un conocimiento anterior.

2. Solo permanecen las conexiones que se activan de forma recurrente.

Aprendemos, en nuestro caso a hablar una lengua, porque el uso de la lengua genera huellas en el cerebro. Estas huellas requieren de una activación recurrente. Así lo postula el conexionismo (Ledesma, 2015), teoría de aprendizaje que defiende que el conocimiento humano no deriva de la adquisición de reglas abstractas sino de la activación recurrente de información y del anclaje de esta información mediante conexiones neuronales. Fundamenta sus postulados claramente en los conocimientos sobre el funcionamiento cerebral.

Las conexiones neuronales, es decir, el aprendizaje a largo plazo requiere pues de un proceso de actualización constante. Las consecuencias didácticas son evidentes.

3. El cerebro filtra lo que es relevante y valorado como necesario

Juega en este sentido un papel importante no solo el valor del material con el que confrontamos al alumno, sino también quién transmite y cómo se transmite la información. Cada elemento del paradigma de enseñanza

---

[6]Damos sentido con este dato científico a teorías del aprendizaje de larga tradición como es el aprendizaje significativo de Ausubel

aprendizaje es valorado y puede bloquear los canales de procesamiento cognitivo (Jacobs, 2006). El cerebro prioriza lo que es importante para el individuo.

Constatar esta realidad nos hace valorar desde una perspectiva nueva la teoría constructivista del conocimiento. Nos lleva a deducir que los entornos percibidos como no auténticos dificultan el aprendizaje, por ejemplo. En el contexto que nos ocupa, el aprendizaje de una L2 en un aula, un entorno ficticio de habla, esta circunstancia tiene una consecuencia lógica. Es la razón por la cual el entorno natural de la lengua extranjera es muy efectivo. En este entorno natural de la lengua destaca la autenticidad de los estímulos frente a los textos artificiales y didactizados de numerosos métodos de enseñanza. Una consecuencia lógica es, por tanto, confrontar al alumno con textos auténticos en el proceso de aprendizaje (Reich, 2006). El marco real es el que dará sentido al proceso de aprendizaje artificial dentro del aula. Si situamos al aprendiz de forma permanente en un escenario ficticio, su cerebro descartará el proceso de aprendizaje, al considerar un despilfarro de energía el esfuerzo por conseguir un objetivo no real.

Otro ejemplo interesante en el contexto de lenguas extranjeras es el error, desde nuestra perspectiva, de partir de la estructura gramatical y pasar posteriormente a analizar el contexto situacional. La estructura gramatical como punto de partida dificultará el desarrollo de la capacidad comunicativa. No estará conectada con ninguna realidad situacional. Por el contrario, si partimos de la situación y en función de las necesidades comunicativas, significados y estructuras, creamos la competencia, las conexiones establecerán como marco la situación. Será el punto de partida de la red y de la intención comunicativa. A ella estará conectada la necesaria competencia gramatical. Sería interesante corroborar esta tesis derivada de la observación en al aula con estudios neurocientíficos.

Por otra parte, no debemos olvidar que el cerebro es autorreferencial. Esto significa que la valoración de los datos pasará por un filtro que determinará si los datos o la experiencia merecen el despilfarro de energía necesaria. Valorará si son interesantes o no, novedosos o no, fiables o no. Es decir, el cerebro se retroalimenta según valore los resultados que va a obtener (McDonald, 2000).

4.   El cerebro aprende detectando patrones

El cerebro está en búsqueda constante de patrones que analizar, asimilar, comprender, memorizar e imitar (Arnold, 2006).Cuando se produce este proceso de aprendizaje mediante patrones (que implica un proceso complejo) con éxito, el cerebro segrega dopamina, el neurotransmisor o sustancia química, para entendernos, de la felicidad y la satisfacción (Grein,

2013). Si no se transmiten los patrones con eficacia, el cerebro se aburre y desconecta. El aprendizaje está por lo tanto directamente relacionado con la dopamina, la sustancia que genera felicidad en el cerebro. Para evitar la bajada emocional por falta de dopamina, el cerebro prefiere imaginar a dudar. Por ello con la información que tenga (acertada o no) buscará un patrón (acertado o no) de lo que está intentando aprender. Si no entiende el patrón lo memoriza como dato. Pero lo olvidará porque las conexiones neuronales son débiles. En nuestro contexto la consecuencia será la fosilización de errores lingüísticos.

5.   El aprendizaje requiere del reconocimiento del todo y de sus partes integrantes de forma simultánea.

Desde esta perspectiva hemos de facilitar el reconocimiento de modelos textuales de forma progresiva integrando un análisis categorial que posibilite esta jerarquización de datos. Implica, de igual forma, que es necesario generalizar a la vez que establecer las particularidades, contrastar a la vez que analizar, determinar analogías y divergencias (Arnold, 2006).

6.   La calidad del anclaje en la memoria está directamente relacionada con la densidad de la red neuronal creada.

La diferencia fundamental entre las nuevas teorías conexionistas (Campanario, 2004) y el aprendizaje tradicional de lenguas consiste en la antigua perspectiva modular (Meisel, 2011) de los contenidos a transmitir y la perspectiva multisensorial del aprendizaje. Desde esta perspectiva deducimos que se habrá de confrontar al alumno no solo con una variedad textual amplia conforme a la realidad, sino sobre todo con una producción textual (oral o escrita) materializada en contextos multisensoriales. Dejan de tener sentido textos de diseño lineal, impresos y los audios correspondientes como medios de aprendizaje. Frente a ellos se impone el hipertexto, imágenes y sonido en representación de contextos comunicativos auténticos, significados con sus representaciones acústicas, por ejemplo.

Conclusiones y propuestas de investigación

Podemos concluir, según lo expuesto, que es posible un camino interdisciplinar de investigación entre neurocientíficos y didactas. Estas investigaciones arrojarían luz sobre aspectos difícilmente observables en el aula y contribuirían a optimizar los recursos de aprendizaje actuales.

La consideración de los factores que impulsan o inhiben los procesos cognitivos en el alumno a la hora de diseñar materiales y estrategias de intervención en al aula según el perfil del alumno actual, abriría camino hacia un paradigma de enseñanza menos mecanizado y más humanizado, pues respondería de forma directa a recursos docentes adecuados al cerebro.

Los elementos directamente implicados en el proceso de aprendizaje (alumno, materia y docente) se verían positivamente influenciados al responder a un paradigma fundamentado naturalmente en la evidencia del funcionamiento cerebral (cognitivo y emocional).

Los resultados de esta relación interdisciplinar son imprevisibles, dado que nos hallamos en el punto de partida, pero al menos se abre ante nosotros un escenario de posibilidades de investigación muy esperanzador.

Algunas propuestas de investigación en relación al sujeto de aprendizaje serían las siguientes:

a) Investigación de aspectos cognitivos relacionados con la creación de redes neuronales, que conforman junto con complejos sistemas de relación y activación, el conocimiento y las destrezas. Contribuiríamos así a afianzar la relación cerebro y aprendizaje en el aula.

b) Investigación de aspectos emocionales que impulsan o inhiben los procesos de atención, percepción, memorización y recuperación a nivel individual. Contribuiríamos a los estudios en torno al cerebro emocional.

c) Investigación de aspectos interaccionales que evidencien la necesidad del cerebro de interactuar de forma social con el entorno y de forma individual con la materia para aprender. Contribuiríamos a desarrollar los conocimientos en torno al cerebro social.

Finalmente una reflexión sobre el perfil del docente. Si en el plano metodológico actual se reivindica su papel mediador, inductor, facilitador de conocimientos y destrezas, y a nivel didáctico comienza a plantearse la necesidad de un perfil profesional de excelencia en cuanto a formación, no solo nocional sino también pedagógica y metodológica, desde la perspectiva neurocientífica habría que plantear la oportunidad de una formación que incluyera unos conocimientos mínimos sobre el principal órgano del aprendizaje: el cerebro. Y en cuanto al diseño curricular e instrumental de recursos, deberíamos plantear la necesidad de formar a los alumnos mediante técnicas adecuadas al cerebro: variedad del estímulo, períodos de atención adecuados, técnicas de trabajo autónomo, equilibrio entre instrucción y construcción del conocimiento y destrezas, a modo de ejemplo. La investigación interdisciplinar debería abordar, desde luego, estudios neurocientíficos que determinaran su perfil de atención, motivación y adecuación a la materia que va a impartir.

Referencias bibliográficas

Álvarez, M. (2013). La neurociencia en las ciencias socio-humanas: una mirada trasnsdisciplinar. *Ciencias Sociales y Educación*, 2 (3), 153-166

Arnold, M. (2006) Brain Based Learning. Herrmann, U. (Ed.), *Neurodidaktik. Grundlagen und Vorschläge für gehirngerechtes Lehren und Lernen* (182-206). Weinheim: Beltz.

Barrera, M.L. y Donolo, D. (2009). Neurociencias y su importancia en contextos de aprendizaje. *Revista Digital Universitaria* (10) 4. 2-18. Recuperado de https://educrea.cl/neurociencias-y-su-importancia-en-contextos-de-aprendizaje/

Barrera, M.L. y Donolo, D. (2009). Neurociencias y su importancia en contextos de aprendizaje. *Revista Digital Universitaria*, 10 (4), 2-18.

Bernarós, S. (2010). Neurociencia y educación: hacia la construcción de puentes interactivos. *Revista Neurología*, 50 (3), 179-186.

Bialystok, E. (1999). Cognitive complexity and attentional control in the bilingual mind. *Child development*, 70, 636-644.

Brand, M. y Markowitsch, H. (2006). Lernen und Gedächtnis aus neurowissenschaftlicher Perspektive. En: Herrmann, U. (Ed.), *Neurodidaktik. Grundlagen und Vorschläge für gehirngerechtes Lehren und Lernen* (69-85). Weinheim: Beltz.

Campanario, J. M. (2004). El enfoque conexionista en psicología cognitiva y algunas aplicaciones sencillas. *Didáctica de las ciencias*, 22 (1), 93-104.

Cendoya, A. (2009). Bilinguismo y cerebro. Aprendizaje y desarrollo. *Psicología Educativa*,15 (1), 39-44.

Díaz-Sánchez, G. y Álvarez-Pérez H. (2013). *Neurociencia y bilingüismo: efecto del primer idioma.* Educ.Educ., 16 (2), 209-228.

Escera, C. (2004). Aproximación histórica y conceptual a la neurociencia cognitiva. *Cognitiva*, 16 (02), 1-17

Friedrich, G. (2006). „Neurodidaktik" – eine neue Didaktik? Herrmann, U. (Ed.), *Neurodidaktik. Grundlagen und Vorschläge für gehirngerechtes Lehren und Lernen* (272-286). Weinheim: Beltz.

García, A. (2012). *Traductología y neurocognición.* Córdoba (Argentina): Ferreira Editor.

Grein, M. (2013). *Neurodidaktik. Grundlagen für Sprachlehrende.* München: Hueber.

Herrera, M.I. (2004). *El cerebro: introducción a la neurociencia cognitiva.* Neurociencia cognitiva y educación. En Gómez, J. (Ed.) *Neurociencia cognitiva y educación.* Lambayeque: Fondo editorial FACHSE, 31-76.

Herrmann, U. (2006). Gehirnforschung und die neurodidaktische Revision schulisch organisierten Lehrens und Lernens. En: Herrmann, U. (Ed.), *Neurodidaktik. Grundlagen und Vorschläge für gehirngerechtes Lehren und Lernen* (148-181). Weinheim: Beltz.

Herrmann, U. (Ed.) (2006). *Neurodidaktik. Grundlagen und Vorschläge für gehirngerechtes Lehren und Lernen.* Weinheim: Beltz.

Jacobs, A. y Hutzler Fl. y Engl V. (2006). Fortschritte in der neurokognitiven Lern- und Gedächtnisforschung. En: Herrmann, U. (Ed.), *Neurodidaktik. Grundlagen und Vorschläge für gehirngerechtes Lehren und Lernen* (86-96). Weinheim: Beltz.

Jensen, E. (2000). Brain Based Learning: a reality check. Educational Leadership, 7, 76-80.

Ledesma, M.A. (2015). Del conductismo, cognitivismo y constructivismo al conectivismo para la educación. Quito: Editorial Jurídica del Ecuador.

Lira, R.I. (2010). Las metodologías activas y el foro presencial: su contribución al desarrollo del pensamiento crítico. *Revista Electrónica "Actualidades Investigativas en Educación,* 1, 1-18. Recuperado de http://132.248.9.34/hevila/Actualidadesinvestigativaseneducacion/2010/vol10/no1/15.pdf

Lo social está en el cerebro

MacDonald, A. y Jonathan W. y Cohen D. y Stenger A. y Carter, C. (2000). *Dissociating the Role of the Dorsolateral prefrontal and Anterior Cingulate Cortex in Cognitive Control. Science,* 288, 1835-1838.

Manrique, B. (2008). Relación entre cerebro, lenguaje y enseñanza de lenguas: una visión cognitiva. *Synergies,* 4, 103-124.

March, A. (2006). Metodologías activas para la formación de competencias. *Educatio siglo XXI,* 24, 35-56.

Martín-Rodríguez, J. y Cardoso-Pereira, N. y Bonifacio, V. y Barroso, M. (2004). La década del cerebro (1990-2000): algunas aportaciones. *Revista española de neuropsicología,* 6 (3-4), 131-170.

Mora, F. (2013). *Neuroeducación*. Madrid: Alianza Editorial.

Muñoz, A. (2010). *Metodologías para la enseñanza de lenguas extranjeras. Hacia una perspectiva crítica. Revista Universidad EAFIT*, 46, 71-85.

Reich, K. (2006). *Konstruktivistische Didaktik*. Weinheim: Beltz.

Sánchez, A. (2009). *La enseñanza de idiomas en los últimos cien años. Métodos y enfoques*. Madrid: SGEL

Siebert, H. (2015). *Pädagogischer Konstruktivismus*. Weinheim: Beltz.

CAPÍTULO II

APRENDIZAJE: EL CEREBRO EN EL AULA

Dra. Esther Alberca Reina
Universidad de Sevilla, España
Dra. María A. Borrueco Rosa
Universidad de Sevilla, España

Resumen

Los avances tecnológicos en el campo de la neurociencia han hecho posible estudiar la actividad neuronal durante los distintos procesos involucrados en el aprendizaje. Y a día de hoy es posible desentrañar los principios fisiológicos por los que se rige el cerebro y que se hacen manifiestos en la conducta, que busca en todo momento la adaptación al medio circundante. Así, durante la interacción con el entorno, el proceso de aprendizaje comienza por la percepción de estímulos ambientales, de los cuales algunos llamarán nuestra atención y acapararán gran parte de los recursos neuronales disponibles. Serán estos estímulos los que sean procesados, integrados con otras memorias y almacenados a largo plazo para su posterior recuperación en caso de que sea necesario. La formación de nuevas trazas de memoria es un proceso neuronal dinámico por el que la información pasa de ser lábil y desechable (memoria operativa) a ser estable y formar parte de nuestro bagaje de conocimiento (memoria a largo plazo). El aprendizaje es, en definitiva, un proceso individual, dependiente de la experiencia, y sumamente adaptativo, al cual nos aproximaremos en este artículo presentando peculiaridades de las distintas etapas durante el aprendizaje, así como los factores que pueden influirle (características de la nueva información, estado de ánimo del alumno y del docente).

Es interesante, sino casi obligatorio, hacer uso y provecho de los avances de la ciencia en el campo de la didáctica para optimizar en la medida de lo posible la enseñanza en nuestras instituciones.

Palabras claves

memoria, aprendizaje, proceso cognitivo; cerebro

Introducción

El cerebro es el único órgano que se estudia a sí mismo. El alcance del conocimiento sobre las funciones del sistema nervioso ha ido siempre parejo al desarrollo tecnológico. Así, se ha evolucionado de las descripciones superficiales del cerebro del anatomista Vesalio en el siglo XVI, importantes y revolucionarias para su época, hasta ser testigos oculares de la actividad cerebral gracias a las técnicas de neuroimagen de hoy en día.

El estudio actual del sistema nervioso central se beneficia de las características excepcionales del mismo. Y es que, a pesar de que el cerebro solo representa el 2,5 % del peso corporal requiere hasta un 25 % de la energía disponible. Tecnologías como la resonancia magnética (RM), la electroencefalografía (EEG) y la tomografía por emisión de positrones (TEP) son las herramientas principales que hacen uso de esta cualidad. Gracias a los estudios basados en estas técnicas es posible estudiar la fisiología de las neuronas (que son uno de los tipos de células presentes en el sistema nervioso, especializadas en recibir y transmitir información) mientras un individuo realiza alguna tarea que implique el empeño de los recursos cerebrales.

Este avance ha hecho posible completar el registro del comportamiento con un correlato fisiológico de la actividad neuronal, e incluso la observación de procesos mentales que pudieran no tener una manifestación explícita conductual. En resumidas cuentas, a día de hoy estamos más cerca de lo que nunca ha estado el ser humano de entender cuáles son los mecanismos por los que, por ejemplo, una palabra de otro idioma que vemos por primera vez pasa a formar parte de nuestro vocabulario, y, además acotar las variables que facilitan o dificultan dicha incorporación.

Objetivos y metodología

Dada la complejidad y la magnitud del tema que aquí se trata, el objetivo de este artículo no será profundizar en él, sino introducir al lector en los procesos que subyacen al aprendizaje, así como algunos de los factores más importantes que modulan dichos procesos.

Para ello, a lo largo del texto, iremos presentando los conceptos que consideramos necesarios para la comprensión de la fisiología del aprendizaje.

Aprendizaje: cerebro y plasticidad neuronal

El ser humano vive en un ambiente que cambia constantemente, al cual tiene que adaptarse para poder sobrevivir. El aprendizaje es la manera por la que cambiamos una conducta específica en relación a la experiencia previa y a los estímulos presentes (Klein, 2003), permitiendo que nos amoldemos a las condiciones imperantes de cada momento. Esto es posible gracias a la plasticidad neuronal, es decir, a la modificación de las propiedades funcionales de las neuronas como respuesta a la estimulación ambiental (e.g., Hebb, 1949; O'Keefe & Nadel, 1978; Bliss & Lomo, 1973). Dado que la necesidad de adaptación del cerebro a los cambios del ambiente está vigente durante toda la vida del individuo, el sistema nervioso es un producto dinámico resultante de la interacción entre factores genéticos y del ambiente (Clarke *et al.*, 2010).

El aprendizaje, por tanto, es un proceso continuo durante toda la vida del individuo, e individualizado, ya que tanto las experiencias como la configuración genética son exclusivas de cada sujeto. Pero no solo existe variabilidad entre los sujetos, sino también dentro del mismo individuo. El desarrollo neuronal evoluciona a lo largo de la vida de una persona, y este grado en la maduración del sistema nervioso estará directamente relacionado con las capacidad cognitivas e intelectuales del individuo.

Fijémonos por un momento en el estado madurativo del cerebro de los individuos jóvenes, que explica gran parte del comportamiento típico en esa edad. Sin entrar en detalle, mientras que algunas áreas del sistema límbico ya están funcionando a un nivel óptimo, la corteza prefrontal aún no ha terminado su desarrollo (algunos autores sitúan el final de la maduración en la veintena), así que las funciones que dependan de esta zona no se llevarán a cabo eficientemente. El sistema límbico es considerado la parte más primitiva del cerebro humano (conservado en la mayoría de los mamíferos, incluye la amígdala, de la que hablaremos más adelante), y se encarga entre otras cosas del equilibrio de las funciones vitales, así como de la gestión de muchas emociones y conductas instintivas. Por otro lado, se podría decir que la corteza prefrontal es la región cerebral que nos distingue como humanos, y se relaciona con la organización y orquestación de los distintos procesos cognitivos, e implica, entre otras funciones ejecutivas, la capacidad de planificación de la conducta, controlar la atención, inhibir conductas inapropiadas, mantener información, manipularla y comportarse en función de esta. Así que mientras que la corteza prefrontal no termine su desarrollo, muchas de las situaciones que provoquen la activación del sistema límbico no tendrán la supervisión cortical, resultando una conducta quizá un tanto impulsiva, sin sopesar, por ejemplo, las consecuencias futuras, ni saber postergar el placer o la recompensa inmediata en aras de un objetivo a largo plazo.

Este es un ejemplo de la importancia que tiene conocer el funcionamiento neuronal en distintos momentos en la vida de un individuo, si se tiene la intención de mejorar y optimizar el aprendizaje.

Percepción y atención a estímulos externos

El camino hacia un aprendizaje exitoso conlleva la gestión y control de la actividad neuronal en distintas áreas cerebrales siguiendo una secuencia temporal concreta.

El primer paso sería la percepción de un estímulo ambiental de una o varias modalidades sensoriales, y la integración de cada unidad de información como un objeto coherente (e.g., Zmigrod & Hommel, 2013). Como comentamos anteriormente, no es nuestra intención profundizar en los procesos cognitivos ya que supera las dimensiones de este texto. Sin embargo, sí nos gustaría mencionar algunas de las particularidades del sistema de percepción y atención que podrían relacionarse con una mejora práctica en la didáctica por parte del cuerpo docente.

Recordamos al lector la función adaptativa del cerebro, haciendo hincapié en la importancia que tiene la interacción exitosa con el ambiente cambiante para la supervivencia del individuo. Pongamos un ejemplo. Imaginemos una persona paseando por el campo, que y de repente aparece en el suelo un objeto de forma sinuosa. A pesar de la multitud de estímulos que hay en ese momento a su alrededor, ese objeto en el sendero acaparará toda su atención. Dejará de ver otros estímulos, no escuchará los trinos de los pájaros en los que antes se recreaba, ni sentirá el frescor del bosque. Todos sus recursos estarán dedicados en saber qué es eso que se acerca zigzagueante hacia él.

Un inciso en nuestra aventura silvestre. No podemos olvidar que el cerebro es un órgano y, como cualquier otro órgano de nuestro cuerpo, tiene sus limitaciones fisiológicas. El cerebro está compuesto aproximadamente por 90 mil millones de neuronas, cada una relacionándose mediante sinapsis con muchas otras a una velocidad de milisegundos. La sinapsis es la forma fisiológica de comunicación o transferencia de información entre neuronas, si cada neurona tiene alrededor de 10 o 15 mil conexiones, hagan cuentas. Impresionante, pero limitado. Acotado por las características celulares que componen la base del aprendizaje, mientras esté siendo "grabado" algo en nuestras redes neuronales resulta difícil prestar atención a otra cosa (para una aproximación a la atención, ver Jiménez & Martínez, 2001), y más aún si este segundo elemento pertenece a la misma modalidad sensorial que el primero (para una revisión del "efecto cocktail" ver Bronkhorst, 2015).

Habiendo destapado la naturaleza no omnipotente del cerebro, volvamos al sendero en el bosque donde hemos dejado a nuestro personaje en una situación delicada. Su percepción visual se agudiza en busca de detalles que le puedan ayudar a determinar si el objeto que tiene cerca es una serpiente o no. Para procesar correctamente esa información visual, y le puede ir la vida en ello, se concentra totalmente en ese elemento, no importando ningún otro elemento del entorno.

Este estado de alerta y máxima atención selectiva es sustentado por ciertas estructuras cerebrales, entre las que destacamos la amígdala, que prepara al individuo para luchar o huir. La amígdala estará en estrecha comunicación con regiones de la corteza visual, en concreto el giro fusiforme, para afinar la vista en busca de precisión y detalles, a costa de perder información del resto del escenario, que es el correlato conductual de la pérdida de comunicación con la corteza prefrontal. La liberación de hormonas por parte del eje hipotalámico hipofisario provoca en última instancia la secreción de cortisol al torrente sanguíneo, lo que movilizará la respuesta conductual de huida o lucha. Volvemos a destacar los límites fisiológicos del cuerpo para entender que en el momento de correr alejándonos del peligro, no nos hace falta el sistema inmune, pero sí energía en los músculos, y de eso se encarga el colesterol. *Grosso modo*, y sirva como ejemplo, disminuye los recursos dedicados a la protección inmune en aras de conseguir la energía necesaria para poder escapar.

Y esto, que quede claro, puede salvar la vida al protagonista del encuentro con la serpiente. Pero lo que no tiene sentido es que se activen esos mecanismos de alerta y estrés en el ámbito educativo, es decir, en las aulas, donde a priori, no tienen por qué existir amenazas.

Los estudios acerca de la relación entre el estado de ánimo positivo y las habilidades cognitivas apuntan a que si nos encontramos felices se da una ampliación del campo de atención, pudiendo acceder a asociaciones remotas, lo que facilita el pensamiento creativo y correlaciona con un índice mayor de resolución de tareas complejas (Isen *et al.*, 1987; Rowe *et al.*, 2007). En otro estudio con médicos a los que se les indujo un estado de ánimo positivo (visualizando películas cómicas. o recibiendo unos caramelos) encontraron de nuevo mejora en resolución de problemas, y además los participantes respondían que encontraban la vocación y satisfacción en su trabajo por ayudar a los demás y no por la recompensa económica (Estrada *et al.*, 1994).

Creo que el lector puede estar extrapolando en este momento estos resultados al aula.

Memoria

El siguiente paso en el camino del aprendizaje sería la memorización de la información que se ha percibido y a la cual se ha dedicado atención.

Mediante una serie de transformaciones funcionales en las redes neuronales implicadas en la codificación de la nueva información, esta pasa de ser lábil y sensible a interferencias a ser estable y duradera en el tiempo. Al mismo tiempo, los recién adquiridos trazos de memoria se relacionarán y asociarán con esquemas de conocimientos previos, lo que fortalecerá aún más la huella mnemónica (McGaugh, 2000).

Así, en función de la fortaleza y durabilidad de la huella sináptica la memoria es clasificada de manera distinta en la literatura científica (para una revisión ver Cowan, 2008). Así, tenemos la memoria de trabajo, también llamada memoria operativa porque permite realizar operaciones y manejar la información directamente proveniente de los sentidos, sin mayor procesamiento. Un buen ejemplo de esta memoria es cuando repetimos un número de teléfono hasta que lo marcamos en el dial, para olvidarlo inmediatamente. O cuando buscamos el significado de una palabra en otro idioma y lo retenemos en la memoria para poder entender la idea de un texto.

Si, en vez de seguir para adelante con el texto, volvemos a centrar nuestra atención en esa palabra, la repetimos o buscamos reglas mnemotécnicas, llevamos a cabo, en definitiva, una elaboración de la información, y esa palabra pasará a formar parte de la memoria a corto plazo.

La memoria a largo plazo conlleva la consolidación de la información y los cambios neuronales a niveles locales y de sistema, que facilitan la incorporación de la nueva traza de memoria con otras memorias previas, volviéndose más independiente del contexto en el que se codificó. Esta consolidación se ve favorecida por el sueño, de manera que a la mañana siguiente de haber aprendido la nueva palabra mediante técnicas elaboradas de asociación y repetición, posiblemente podamos utilizarla a nuestra voluntad (para una revisión del papel del sueño en la memoria ver Diekelmann & Born, 2010). ¿Recuerdan ustedes algún número de teléfono de la época en la que no existían móviles, ni agendas portátiles? Si han encontrado algún ejemplo, es sin duda, recuperado de la memoria a largo plazo.

Implicaciones didácticas del funcionamiento cerebral

Nuestra intención a lo largo de este artículo ha sido transmitir una visión general de los procesos cognitivos implicados en el aprendizaje.

De las características de dichos procesos se desprenden algunas consecuencias que podrían ser consideradas para que la didáctica se ajuste a los patrones con los que aprende el cerebro.

Mencionamos anteriormente la diferencia en el grado de maduración entre el sistema límbico y la corteza prefrontal en los adultos jóvenes, siendo la conducta el resultado de la activación del primero, sin filtro por parte de las funciones ejecutivas. Pero esto no es todo, a la corteza prefrontal aún en desarrollo y el sistema límbico un tanto descontrolado, hay que sumarle la tendencia que, por causas biológicas, el ser humano joven tiende a acostarse más tarde y despertarse más tarde (Carskadon *et al.*, 2004; Roenneberg *et al.*, 2004). Si a esto le añadimos el aumento de la carga social y profesional que los mantiene en alerta y despiertos por más tiempo, y tenemos en cuenta los horarios laborales, que no permiten que duerman las horas que necesitan, resulta una privación parcial de sueño crónica. La corteza prefrontal y la consolidación de la memoria se ven especialmente afectada por la privación de sueño, como mencionamos anteriormente, de manera que al retraso madurativo de las funciones ejecutivas hasta bien entrada la veintena, se añaden las consecuencias de la falta de sueño, perjudicando las esferas sociales, afectivas y cognitivas del individuo (para una revisión del efecto de la privación de sueño, ver Banks & Dinges, 2007).

Quizá nos acordemos de esto la próxima vez que veamos caras somnolientas en las aulas, o exijamos máxima atención a tempranas horas de la mañana, cuando muchos de ellos todavía deberían estar dormidos.

También es interesante conocer cómo funciona la atención, para así poder usarla a nuestro favor. Como se dijo anteriormente es fisiológicamente complicado enfocar la atención al mismo tiempo en dos dianas distintas, sobre todo, si las dos son del mismo tipo sensorial. No se pueden escuchar dos conversaciones al mismo tiempo con igual concentración o con el mismo calado de la información. Para procesar de manera eficiente la información que estamos percibiendo es necesario respetar el tiempo que requiera el procesamiento y no forzar la máquina perceptiva y atencional a estar en dos frentes al mismo tiempo, porque el resultado no será todo lo bueno que podría ser.

Invitamos a pensar en la relación que puede guardar esto con el dictado de apuntes. Aunque el proceso de descodificación de la letra llega a ser automático, el hecho de escuchar, escribir y comprender el concepto al mismo tiempo puede resultar complicado. ¿Tiene el alumno la oportunidad de procesar, integrar, asociar la información que está recibiendo con conocimientos previos mientras toma apuntes? Y si lo hace, ¿podría hacerlo mejor si su atención estuviera focalizada en lo que escucha o en lo que escribe?

La idea de darle tiempo a la información para ser procesada no es más que un intento de respetar los principios fisiológicos por los que se rige la célula. De igual modo, el beneficio de la práctica y la experiencia también se fundamenta en la fisiología celular.

Es cierto que el ser humano es un animal social, y aprende en grupo y por imitación. Uno de los descubrimientos más importantes en la neurociencia en este tiempo ha sido el de las neuronas espejo, que se activan al realizar una acción o con la visualización de otro individuo realizando dicha acción (Rizzolatti & Craighero., 2004). Es este uno de los elementos principales de la empatía y el aprendizaje social. Pero incluso en este caso, se trata de activación neuronal y creación de conexiones sinápticas. Es decir, la plasticidad neuronal y el aprendizaje se fundamentan en la ejecución, en la experiencia y la creación de sinapsis mientras se hace algo en particular. La configuración neuronal de cada persona toma forma mediante la exposición a estímulos cambiantes y la acción sobre ellos. Y de acuerdo a lo que venimos diciendo en este texto, actuaremos frente a lo que nos mueve (y conmueve).

Esta es la razón por la cual suele ser un buen catalizador la vivencia en un país de la lengua que queramos aprender. Amén de la fuerza motivacional que tiene la necesidad de hablar el idioma para comunicarse y conseguir vivir con normalidad, cuantos más tipos distintos de información van ligados a una traza de memoria nueva, más estable se hace esta y facilitará su posterior recuperación, ya que la reactivación de cualquiera de los otros nodos de información a los que está unido hará que se reactive el esquema completo (Horner & Burguess, 2013).

Ese tipo de aprendizaje mediante la percepción de múltiples elementos se ve bloqueado durante una situación de estrés, como en el encuentro en el bosque con la serpiente. La respuesta fisiológica a una situación de amenaza puede salvarnos la vida, ignorando información que en ese momento no es relevante. Sin embargo, si la sensación de amenaza se da en el aula, el cerebro responderá de manera semejante, bloqueando y limitando la información que recibe del mundo exterior. Y el aula debe ser considerado un escenario de confianza, curiosidad e investigación, no de amenaza y estrés. Según los resultados en ese campo, parece que un estado de ánimo positivo aumenta no solo la memoria asociativa, sino el pensamiento holístico y creativo, ampliando las posibilidades de respuesta y sacando el máximo potencial por parte del alumno.

Por otro lado, el estado de ánimo del docente así como la valencia emocional de las palabras que use en clase influirán en la retención y en el procesamiento de la información por parte del alumno. En un estudio clásico se demostró que la mera exposición a palabras rudas tiene como resultado que el alumno sea más hostil con su entorno (Bargh *et al.*, 1996). Parece que hay una reactivación del esquema del concepto de agresividad, que queda fácilmente accesible y afecta a la conducta y el pensamiento en las próximas situaciones.

Resulta de interés el siguiente paso en el proceso del aprendizaje, la memoria de trabajo. Recordemos que esta memoria permite realizar operaciones mentales, con el objetivo de utilizar esa información inmediatamente y desecharla a continuación, o incluirla en el almacén a corto plazo, si la mantenemos en nuestro foco de atención por más tiempo y la procesamos, al menos superficialmente.

La memoria operativa parte de una condición básica universal: la capacidad de recordar durante un intervalo aproximado de 15 a 20 segundos en torno a 7 elementos. Como cualquier otra capacidad humana, la memoria operativa se puede ampliar mediante entrenamiento, pero de partida, debemos contemplar el margen de acción. Por ejemplo, no escribir frases que tomen al lector más de 18 segundos leerlas, porque en caso contrario cuando haya terminado de leer la frase no se acordará del contenido del principio. Y procurar que los elementos que se quieran mantener en memoria no sean mucho más de 7 (el número mágico es 7 $^+_-$ 2).

Sin embargo, hay una manera de retener más información respetando los límites. Mediante la creación de agrupaciones significativas (*chunking*) se aumenta la cantidad de información que cada uno de estos 7 elementos puede contener.

Para jugar lo mejor posible, es necesario conocer las reglas del juego. Y esto, aplicado al tema que nos ocupa, se traduce en conocer y respetar las características fisiológicas de las capacidades del individuo para poder mejorarlas.

Discusión y conclusiones

El ser humano aumenta su almacén de conocimientos y habilidades mediante el aprendizaje. La plasticidad neuronal es el mecanismo por el cual los procesos cognitivos y las manifestaciones conductuales van evolucionando según la experiencia. Dados sus límites fisiológicos, el cerebro ha de priorizar y gestionar sus recursos en función de distintas variables de la experiencia, entre ellas, las características y el número de estímulos presentes.

Los estímulos que llamen la atención por sus cualidades (color, volumen, forma, etc), los que tengan una valencia emocional, sean considerados una amenaza, o todo lo contrario, un indicio de seguridad, o supongan algo totalmente novedoso y despierten el componente motivacional de la atención (la curiosidad), tendrán más posibilidades de acapara los recursos cognitivos disponibles, y ser incluidos en nuestra memoria.

El contexto espacio temporal en el que tiene lugar la presentación y procesamiento de estímulos también es de suma importancia. El entorno del aula puede ser el escenario perfecto para proporcionar al alumno un ámbito seguro en el que investigar y asimilar la información de acuerdo con los patrones de funcionamiento cerebral. Esto se consigue con el establecimiento de un estado emocional positivo, que promueve el aprendizaje asociativo, creativo, autónomo y de largo plazo.

Conociendo los fundamentos celulares se puede ayudar al alumno a que cree su propia configuración neuronal mediante la práctica, la asociación con memorias ya existentes, la investigación y el error,... En definitiva, acompañando y guiando al alumno en la formación de conexiones sinápticas durante la experiencia, requisito indispensable para crear huella de memoria.

Es muy difícil enseñar a una persona a jugar al ajedrez diciéndole cómo se juega, sin que invierta tiempo practicando jugadas y creando sinapsis mientras juega. De hecho, cada vez que juegue se reactivará la información relativa al ajedrez, lo cual será una oportunidad para consolidar esa información y enriquecerla con la recién adquirida. La asociación de información nueva con antiguo conocimiento refuerza las redes neuronales, como dice uno de los principales principios de la plasticidad neuronal de Hebb, dos neuronas que se activan juntas, permanecen juntas.

Experimentar una situación real conlleva un gran número de estímulos que hay que procesar, con las consecuentes conexiones sinápticas. Son los estímulos vividos, experimentados, los que crean una huella más fuerte en la memoria.

Como conclusión final, el aprendizaje es al fin y al cabo la adaptación al medio, al entorno socio cultural. En cuanto este es cambiante, el cerebro necesita ser plástico para adaptarse a esos cambios a través del aprendizaje. Cuanto más rico sea el entorno de aprendizaje, más se promueva la vinculación con la realidad, y se respete al individuo (y a cada una de sus neuronas) más se optimizará el aprendizaje.

Referencias bibliográficas

Banks, S., & Dinges, D. F. (2007). Behavioral and physiological consequences of sleep restriction. *Journal of clinical sleep medicine: JCSM: official publication of the American Academy of Sleep Medicine, 3*(5), 519.

Bargh, J. A., Chen, M., & Burrows, L. (1996). Automaticity of social behavior: Direct effects of trait construct and stereotype activation on action. *Journal of personality and social psychology, 71*(2), 230.

Bliss TV, Lomo T. (1973). Long-lasting potentiation of synaptic transmission in the dentade area of the anaesthetized rabbit following simulation of the perforant path. J. Physiol; 232:331-56.

Bronkhorst, A. W. (2015). The cocktail-party problem revisited: early processing and selection of multi-talker speech. *Attention, Perception, & Psychophysics, 77*(5), 1465-1487.

Carskadon, M. A., Acebo, C., & Jenni, O. G. (2004). Regulation of adolescent sleep: implications for behavior. *Annals of the New York Academy of Sciences, 1021*(1), 276-291.

Clarke J.R, Cammarota M, Gruart A, Izquierdo I, Delgado-García JM. (2010). Plastic modifications induced by object recognition memory processing. PNAS U S A. Feb 9; 1 07 (6): 2652-7.

Cowan, N. (2008). What are the differences between long-term, short-term, and working memory?. *Progress in brain research, 169,* 323-338.

Diekelmann, S., & Born, J. (2010). The memory function of sleep. Nature reviews. Neuroscience, 11(2), 114.

Estrada, C. A., Isen, A. M., & Young, M. J. (1994). Positive affect improves creative problem solving and influences reported source of practice satisfaction in physicians. *Motivation and emotion, 18*(4), 285-299.

Hebb D.O (1949). Organización de la Conducta. Versión castellana de Tomás del Amo Martín. Clásicos de la Psicología. Editorial Debate. Madrid.

Horner, A. J., & Burgess, N. (2013). The associative structure of memory for multi-element events. *Journal of Experimental Psychology: General, 142*(4), 1370.

Isen, A. M., Daubman, K. A., & Nowicki, G. P. (1987). Positive affect facilitates creative problem solving. *Journal of personality and social psychology, 52*(6), 1122.

Jiménez, J. M. C., & Martínez, A. C. (2001). Atención visual: Una revisión sobre las redes atencionales del cerebro. *Anales de psicología, 17*(1), 45.

Klein B. Stephen (2003). Learning. Principles an applications. Third Edition. Spring.

McGaugh JL (2000). Memory—a century of consolidation. *Science, 287*: 248–251.

O'Keefe John, Nadel Lynn (1978). The Hippocampus as a Cognitive Map. Oxford University Press.

Rizzolatti, G., & Craighero, L. (2004). The mirror-neuron system. *Annu. Rev. Neurosci., 27*, 169-192.

Roenneberg, T., Kuehnle, T., Pramstaller, P. P., Ricken, J., Havel, M., Guth, A., & Merrow, M. (2004). A marker for the end of adolescence. *Current Biology, 14*(24), R1038-R1039.

Rowe, G., Hirsh, J. B., & Anderson, A. K. (2007). Positive affect increases the breadth of attentional selection. *Proceedings of the National Academy of Sciences, 104*(1), 383-388.

Zmigrod, S., & Hommel, B. (2013). Feature integration across multimodal perception and action: a review. Multisensory research, 26(1-2), 143-157.

CAPÍTULO III

EL CEREBRO EMOCIONAL: METACOGNICIÓN Y DECONSTRUCCIÓN COMO VÍAS DE MOTIVACIÓN EN EL AULA.

Priscila Sánchez Soriano
Universidad Pablo de Olavide, España

Resumen

El sistema nervioso del ser humano contempla la actuación del sistema límbico como un elemento fundamental en el proceso de percepción de estímulos e información.

Considerar estos conocimientos neurocientíficos es ampliar nuestra visión sobre los elementos que intervienen en el proceso de aprendizaje, pues impulsan (o no) la atención y la voluntad en el ejercicio de aprender. Por ello las investigaciones que abogan por considerar los procesos emocionales durante el aprendizaje de una lengua extranjera adquieren nuevo sentido.

La teoría constructivista centró por primera vez la atención en el discente para reivindicar su papel protagonista en el camino hacia la adquisición de conocimiento y por primera vez hizo necesario observar y analizar en qué medida el docente puede y debe fomentar este proceso, cómo hacerlo y qué herramientas aplicar.

Si damos por válida la premisa de que la labor del docente no consiste únicamente en transmitir un conocimiento sino además en acompañar y guiar en la tarea de aprender, reconocemos la necesidad de promover la adquisición no solo de conocimiento y destrezas sino también de las habilidades para aprender más allá del aula. En este sentido, la metacognición como recurso y objetivo en sí mismo fomenta el conocimiento integral del discente sobre sí, el objeto de su estudio y las estrategias para aprehenderlo.

Y por último y en un estadio más avanzado del proceso de enseñanza-aprendizaje, el docente puede fomentar la deconstrucción del propio proceso de aprendizaje, invitando al discente a realizar un trabajo de posicionamiento crítico ante el objeto, el sujeto y el contexto de su aprendizaje en el marco de una relación discente/docente basada en una respetuosa confianza y en la identificación de objetivos comunes. En este proceso el sistema límbico juega un papel determinante.

Es objetivo del presente artículo dar a conocer los procesos metacognitivos y deconstructivos en el aula como parte necesaria del proceso de aprendizaje y aportar argumentos en favor de un proceso de enseñanza/aprendizaje fundamentado en el equilibrio entre cognición y emoción.

Palabras claves

Constructivismo, pedagogía, deconstrucción y pedagogía, metacognición, deconstrucción, cognición y emoción, aprendizaje constructivista.

Introducción

Hablar de deconstrucción es hablar de constructivismo y, desde un punto de vista conceptual, aplicar una metodología constructivista en clase es reivindicar la importancia del individuo, del estudiante en interacción con su entorno y reivindicar también su papel de hacedor de su propio conocimiento. Piaget y el constructivismo, Ausubel y la importancia de la significatividad, Vygotsky y la reivindicación de la interacción social como parte del proceso de aprendizaje; entre todos sentaron las bases sobre la que los docentes podríamos superar los esquemas instructivistas.

Los albores del siglo XXI han traído consigo una nueva forma de entender el proceso enseñanza-aprendizaje, influido con mucho por la Teoría de las Inteligencias Múltiples de Gardner (1983) y posteriormente por la difusión que Goleman hizo del concepto de inteligencia emocional en su libro homónimo (1995). Los recientes hallazgos de la neurociencia también han hecho su aportación, arrojando luz sobre el funcionamiento del cerebro en lo que se refiere a la conexión entre la emoción y el aprendizaje.

Podemos decir por tanto que desde Piaget —de lo cual por otra parte hace apenas cincuenta años- el paradigma docente ha cambiado sustancialmente, sin embargo a día de hoy seguimos sin encontrar la forma de definir unánimemente y, tanto menos, de implementar la *innovación*; concepto que por otra parte parece llamado a reajustarse, antes incluso de haber podido consolidarse. Desde hace algunas décadas el mundo cambia tan a prisa que la comunidad educativa no alcanza a recalcular su ruta; probablemente de hecho en los últimos años se hayan producido cambios que aún ni siquiera somos capaces de advertir. Ante esta circunstancia podría decirse que el máximo valor del que podemos proveer a nuestros discentes -y pareciera que el único permanente- es la autonomía del pensamiento, el juicio crítico y la capacidad de adecuarse emocionalmente a una realidad cambiante y cada vez más diversa. Esta tarea pasa necesariamente por despertar la curiosidad por conocer, ayudar al discente a encontrar su propio camino al conocimiento y animarlo en la tarea de amar y mejorar con sus propias aportaciones el objeto de su aprendizaje, cualquiera que sea este.

Educación y docencia de lengua extranjera: estado de la cuestión.

El diseño de una adecuada hoja de ruta no puede hacerse de espaldas al análisis de los datos actuales sobre educación en nuestro país. Si se trata de lograr que el proceso de enseñanza-aprendizaje se produzca en un entorno emocionalmente favorable para alumno y profesor, el panorama es ciertamente desfavorable.

En los últimos cinco años se han perdido casi 25.000 docentes con la consiguiente sobrecarga para los que siguen en ejercicio; crecen los conflictos dentro de la comunidad educativa como consecuencia del estrés o abandono sufrido por parte de la institución; el contexto socioeconómico de las familias es cada vez más desigual como consecuencia de la crisis y esto tiene su reflejo en el aula; aumenta la tendencia a reimplantar reválidas, lo cual supone prestigiar el examen estandarizado frente al trabajo diario y personal; crece la tendencia a eliminar asignaturas de humanidades como Historia de la Filosofía, lo que conlleva una importante merma del estímulo a la reflexión y el juicio crítico del estudiante y se consolida o aumenta el ratio de alumnos por aula hasta niveles en los que la atención de calidad se hace muy difícil.

Si circunscribimos el impacto de estos factores al aula de lengua extranjera, los perjuicios que causan estos datos son aún mayores. Es necesario señalar que la adquisición de una lengua extranjera, más si cabe que el aprendizaje de otras disciplinas, requiere de un estado emocional muy óptimo por cuanto la adecuada interacción entre alumno y profesor —así como entre alumnos- es la mayor herramienta para el aprendizaje. Amén de la eventual reducción de la brecha entre Europa y España que haya podido producirse en los últimos años en materia de lengua extranjera (lo cual daremos por cierto con las reservas que impone la experiencia en el aula), la realidad es que los idiomas siguen siendo uno de los talones de Aquiles de nuestros estudiantes, quienes importan al aula de lengua extranjera las costumbres que han consolidado durante las primeras etapas de la educación. A saber: se diluyen entre los compañeros y son reacios a participar (quieren ser invisibles); siguen sin acertar a entender la utilidad y el sentido de aprender un idioma más allá de que sea necesario para la obtención de un título; continúan sintiendo miedo al ridículo, a cometer un error en público... En definitivas cuentas, ellos pasan por el idioma pero el idioma no pasa por ellos; ellos pasan por la escuela pero la escuela no pasa por ellos.

Pues bien, en este marco nacional -de horas bajas para la institución educativa- e internacional -de constante cambio de la realidad que nos rodea- el perfil del profesor y el cambio de paradigma del proceso enseñanza-aprendizaje requiere una revisión inaplazable, ya que a menudo es la propia institución educativa causa de psicopatología en discentes y docentes.

En este artículo intentaremos arrojar algo de luz a la pregunta sobre qué podemos hacer para lograr que nuestros alumnos amen su oficio: el de conocer lo que no conocen. Y por otro lado, ¿por dónde empezar si queremos que luego ellos puedan continuar solos? Emoción, autonomía y espíritu crítico serán los ejes de esta propuesta.

Hacia un nuevo paradigma educativo: emoción, autonomía y juicio crítico.

A menudo los estudiantes perciben –aun cuando el profesor se esfuerce por no señalarlo- el valor propedéutico de la materia que estudia. El discente se enfrenta con el objeto de su estudio como si fuera un simple medio para alcanzar algo más importante. Ese algo puede ser el examen, el título o la siguiente etapa educativa pero en cualquiera de los tres casos el objeto de su estudio ha pasado a tener valor residual, un mero valor propedéutico que instrumentaliza el saber. El ejercicio de aprender queda entonces vacío de contenido y es percibido como una tarea tediosa en manos del profesor con la que el alumno conecta solo cuando llega el examen. Parafraseando al cada vez menos presente Kant, los docentes deberíamos creer fervientemente en el saber por el saber y saborear cada minuto de nuestra clase como si fuese el último, pues en la sociedad de la comunicación, donde toda información está al alcance de un clic, nuestro oficio es más fomentar el impulso cognoscitivo y mucho menos transmitir contenido. Lo más importante que podemos transmitir es el amor al saber.

El modelo de enseñanza-aprendizaje basado en las tres Cs sugiere un esquema en el que se desarrollan las capacidades y las competencias pero también el corazón.

La *capacidad* es, según la define Teresa Mauri en sus Cuadernos de Pedagogía[7] «el poder o potencialidad que uno tiene en un momento dado de llevar a cabo una actividad entendida en sentido amplio: razonar, pensar, controlar el proceso, moverse, relacionarse con otros, actuar de modo autónomo...». El concepto capacidad nos remite por tanto al verbo PODER.

Según la definición del proyecto DeSeCo llevado a cabo por la OCDE y del que se hace eco el BOE de 29 de enero de 2015, la *competencia* debe ser entendida como «la combinación de habilidades prácticas, conocimientos, motivación, valores éticos, actitudes, emociones, y otros componentes sociales y de comportamiento que se movilizan conjuntamente para llevar a cabo una acción eficaz». Parece por tanto haber consenso en que el concepto competencia nos remite al verbo HACER.

Sin embargo cuando llegamos al *corazón* como tercer elemento necesario para el aprendizaje según el modelo de educación de las tres Cs, todavía

---

[7] **Fuente especificada no válida.**

resulta complicado hallar literatura con propuestas metodológicas o que verse al menos sobre su importancia. En el mejor de los casos hallaremos bibliografía referida a las primeras etapas de la educación, como si QUERER -que es la asignatura del corazón- no fuera imprescindible en el ejercicio de aprender. La emoción es imprescindible, *querer* es de hecho más imprescindible cuanto más avanzada es la etapa educativa, ya que las tasas de abandono escolar no se enmarcan dentro de las primeras etapas de la educación (infantil, primaria y ESO) sino más bien en las etapas en las que el discente puede elegir si aprender es importante para él. Y en un número de casos muy elevado la respuesta es «no quiero».

La Teoría de las Inteligencias Múltiples de Gardner (1983) enriqueció el clásico binomio del enfoque educativo basado en el desarrollo de la inteligencia lingüística y de la lógico-matemática. A ellas se incorporaron la inteligencia espacial, intrapersonal, corporal-kinestésica, musical, interpersonal, existencial y natural y con ello se puso de relieve la necesidad de contemplar y dar por válidas distintas formas de aprender y por tanto de enseñar, en particular en los centros llamados *innovadores*.

Poco más tarde Peter Salovey y John Mayer desarrollaron el concepto de Inteligencia Emocional, difundido con gran éxito comercial por Daniel Goleman en su libro *Inteligencia Emocional* de 1993. La difusión de este concepto y su acogida por parte de la comunidad educativa nos ha llevado a reconocer el fuerte impacto de la IE en cuatro áreas principales, entre las cuales también está el rendimiento académico. Asumir la importancia de la IE es al fin y al cabo reconocer el valor esencial de factores afectivos y emocionales como elementos de gran relevancia de cara a alcanzar el desarrollo integral del individuo y su éxito en la vida.

Incorporada esta nueva idea a nuestra lista de asuntos pendientes, en la comunidad educativa andamos a vueltas con el *cómo cambiar*, sin tener demasiado claro el *qué cambiar*, de manera que bajo la etiqueta de *metodología innovadora* podemos encontrar numerosas y diversas propuestas, que a menudo se implementan apremiadas por la urgencia de mejorar las cifras que arrojan nuestros informes estatales sobre educación. La importancia de la emoción en el aula (y en la vida) es algo de debiera abordarse desde una perspectiva rigurosa, fundamentando nuestra actuación en sólidos conocimientos sobre el tema (saber qué), en estrategias claras (saber cómo) y en nuestra propia experiencia de éxito al educar desde y con la emoción (saber por qué).

Las recientes aportaciones de la neurociencia han arrojado datos incontestables sobre el hecho de que lo que se aprende con emoción no se olvida. Esta afirmación es la fórmula científica y también la otra cara de la moneda del archiconocido -y por suerte ya superado- lema de la arcaica educación «la letra con sangre entra».

El aula de lengua extranjera de la segunda y tercera etapa de la educación (ESO, bachiller, FP, universidad...) es, aún con demasiada frecuencia, testigo mudo de la frustración y el malestar de estudiantes que sufren una fuerte inadecuación emocional respecto a la materia. Invertí algún tiempo de mis primeros años de docencia en intentar entender el porqué de la negación generalizada a los idiomas de los estudiantes en nuestro país. Es cierto que España se ha sumado tarde al estudio de lenguas extranjeras; los profesores que han venido impartiendo la materia durante décadas han carecido de la formación necesaria para ello; las familias han podido ayudar poco o nada con los idiomas por no contar ellos mismos con conocimientos al respecto; la industria del doblaje ha favorecido el aislamiento del país en términos lingüísticos y podríamos seguir sumando causas a la falta de tradición en el estudio de la lengua extranjera en España. Sin embargo el denominador común de aquellos estudiantes objeto de nuestro estudio que han tenido que esforzarse demasiado en términos cognitivos y emocionales es una experiencia emotiva inadecuada en relación a la lengua: «me da vergüenza»; «en clase se reían de mí cuando hablaba»; «siempre me han dicho que yo no valgo para los idiomas»... Estos son solo algunos de los argumentos esgrimidos por aquellos estudiantes que aciertan a encontrar alguna explicación a su rechazo a aprender idiomas; ni hablar de los casos en los cuales el bloqueo emocional es tal que toda su energía se concentra en ser invisibles.

Las aportaciones de la neurociencia han demostrado que existen tres vías de influencia del cerebro emocional sobre el cerebro cognitivo por cada vía de influencia del cerebro cognitivo sobre el cerebro emocional. O dicho de otro modo: la emoción es la que decide nuestra actitud ante los estímulos; la razón solo la justifica. Parafraseando a Roberto Romo Aguado (especialista en psicología clínica y autor de libros como *Es emocionante saber emocionarse* o *La emoción decide y la razón justifica*)[8] y de acuerdo con los hallazgos neurocientíficos, podemos afirmar que un cerebro expuesto a un tsunami emocional no puede conectar su parte emotiva con su parte cognitiva, puesto que al encontrarse en un estado emocional inadecuado el cerebro cognitivo queda secuestrado por la parte emocional y esto explica que bajo estas circunstancias el aprendizaje sea sencillamente inviable.

La teoría de la evolución filogenética establece que en nuestro cerebro aún se alojan rasgos –por orden cronológico- del cerebro reptiliano (donde se encuentra la amígdala, que segrega la adrenalina llamada a protegernos antes situaciones de estrés), del cerebro del mamífero y del cerebro del ser humano o neo-córtex. La correcta interacción entre estos tres cerebros promueve una buena conexión entre la parte cognitiva y la parte emotiva del

---

[8] **Fuente especificada no válida.**

mismo cerebro. Pongamos por caso un individuo (caso 1) expuesto a un estímulo emocional desfavorable; el individuo del caso 1 podrá cambiar su emoción activando un pensamiento positivo que contraste esa emoción siempre y cuando se cumplan las siguientes condiciones:

1. Deberá contar con un cerebro descendente o, lo que es lo mismo, una buena conexión entre los tres niveles.

2. Deberá haber superado ya la etapa en la que solo puede percibirse a sí mismo a través de los ojos de *su referente* (al que nosotros llamaremos *su profesor*).

Por el contrario, un individuo (caso 2) que tiene un cerebro ascendente (no tiene una buena conexión entre los tres niveles) o bien que aún no puede estimarse al margen de la valoración que su profesor haga de él no podrá transmutar la emoción negativa, de forma que su cerebro cognitivo quedará secuestrado y consecuentemente incapaz para el aprendizaje. Con esta rotundidad ha venido a expresarse la neurociencia en términos de conexión cognitivo-emocional.

La pregunta es: ¿cuántos de nuestros estudiantes son ejemplo del caso 1?; ¿cuántos discentes cuentan con la inteligencia emocional suficiente como para no ser vulnerables a sentimientos como el miedo al ridículo, al error o a la falta de aceptación? y ¿cuántos permanecerían emocionalmente inalterados ante la valoración de su profesor, aun cuando pueda parecerlo? Lo corriente es encontrarse ante un discente sobre el que ya hay algo que enmendar desde el punto de vista emocional. Cuando la emoción no favorece el aprendizaje, hay que cambiar la emoción y -aún sin abandonar a Roberto Aguado- diremos que es un error creer que podremos gestionar esa emoción desde la reflexión, puesto que en un porcentaje muy alto de la población el cerebro emocional tan solo se comunica consigo mismo, dejando al margen la parte cognitiva.

En este sentido el modelo VEC (Vinculación Emocional Consciente) desarrollado por el autor en colaboración con el Instituto de Psicoterapias de Tiempo Limitado puede resultar de gran utilidad por cuanto trabaja en desarrollar lo que ha venido a denominarse *flexibilidad emocional permanente* o capacidad de nuestro cerebro emocional de pasar de una emoción a otra sin supeditarse al cerebro cognitivo. Manejar este código puede ser de gran importancia desde el punto de vista didáctico. Consideremos el hecho de que nuestros alumnos pueden mantener su cerebro cognitivo en desconexión no solo por estar sufriendo un desajuste respecto de sus emociones, sino porque en determinadas etapas del aprendizaje el neo-córtex sencillamente no está maduro, por lo que no puede no existir el elemento reflexivo.

En plena discusión sobre qué es innovación, la dificultad del reto que aquí se plantea puede tener tanto alcance como las ventajas de lograrlo. El dedo del desafío innovador debe deja de señalar tan solo al *cómo* y volverse también hacia el *qué*. Debemos empezar por nosotros mismos y lograr convertirnos en una generación de profesores capaces de gestionar nuestras propias emociones y de transmitirlas a nuestro alumnado. En la actualidad la figura del docente como experto en contenidos que implementa programaciones ha dejado de tener sentido y quizás tenga más sentido que seamos preceptores que infunden hábitos, valores y competencias transversales. Conviene sustituir antiguos conceptos por otros que nos permitan entender nuestro trabajo de una forma más holística, considerando por ejemplo al alumnado como algo más que un colectivo (una simple suma de individuos). En aras de su desarrollo, el colectivo de discentes debería ser más bien entendido como una *comunidad* en la que los unos —empezando por nosotros- se interesan unos por otros y en la que lo que se comparte es el regalo supremo: aprender y mejor aún si puede ser de forma emocionante y emocionada. No se trata de que el aula sea un mundo de color de rosa; también las emociones catalogadas como negativas pueden tener cabida y resultar una oportunidad de aprendizaje cuando se gestionan adecuadamente. La tristeza, sin ir más lejos, genera madurez y puede ser una estupenda posibilidad para el crecimiento del individuo y, lo que es más, para el fortalecimiento del vínculo en el aula. ¿Cuántas personas no han escogido este o aquel camino profesional porque tuvieron un profesor con el que conectaron emocionalmente? Todos recordamos -o deberíamos recordar- a aquel profesor que lograba en sus clases una atmósfera de confort capaz de transportar a los alumnos con suavidad un poco más allá del currículo. Este tipo de docentes parecen tejer, sin esfuerzo aparente, una red de curiosidad, confianza y admiración en torno a su persona y materia que en el peor de los casos forjará un recuerdo positivo relacionado con el aprendizaje y en el mejor de los casos quizás despierte un talento brillante que necesita «calor» para florecer. Recordemos a Thomas Edison, quien no empezó a dar síntomas de genialidad hasta que comenzó a educarse en casa, después de que lo expulsaran de la escuela porque no tener suficiente capacidad cognitiva. Pero este modelo de educación no debe nutrir solo al estudiante pues toda interacción alimenta a sus actores. Debe también servir a la satisfacción del profesor, y si no está siendo así, habría que hacérselo mirar.

Una vez hayamos reformulado nuestra idea de qué significa ser profesor y adecuado la imagen que nos devuelve el espejo a una nueva definición, podemos esperar resultados y plantearnos *cómo* incidir en ellos. Sin embargo y para nuestra descarga debemos contemplar como posibilidad que la propia definición del *qué* haya hecho ya parte del camino del *cómo*, pues según interpretamos nuestro trabajo, así sentimos, así actuamos y así impactamos en los resultados de forma espontánea.

La incorporación de la emoción al aula pretende formar seres más felices pero también seres más autónomos, si es que puede desligarse una cosa de la otra. Hasta aquí hemos establecido como objetivo formar personas capaces de gestionar y armonizar sus distintas dimensiones (la cognitiva y la emotiva) y parece existir consenso sobre el hecho de que la autonomía es también objetivo supremo de la educación. Podríamos citar un número interminable de fuentes que aluden a la autonomía como condición *sine qua non* en términos de éxito educativo. Pero ¿qué es la *autonomía*? Según la RAE la autonomía es la «condición de quien, para ciertas cosas, no depende de nadie». Si recuperamos la noción de competencia de la que hemos hablado antes y habida cuenta de que en torno a las competencias se establecen los objetivos de la educación actual («combinación de habilidades prácticas, conocimientos, motivación, valores éticos, actitudes, emociones, y otros componentes sociales y de comportamiento que se movilizan conjuntamente para llevar a cabo una acción eficaz») tenemos que el discente alcanzará la autonomía después de haber probado múltiples formas de movilizar conjuntamente todos esos factores, atendiendo además a las necesidades de cada circunstancia particular que la casuística le imponga a lo largo de toda su vida. El abanico de *acciones eficaces* que nuestros alumnos deberán llevar a cabo en sus vidas es tan inabarcable que cualquier modelo educativo que no se meta de lleno a ayudarles a aprender cómo aprenden carece de sentido. No solo empieza a ser residual el valor de la información que se transmite, sino también el del método por el que se hace, porque no existe un método. Existe una multiplicidad de estilos de aprendizaje que legitiman la amplia diversidad de métodos que existen. Los métodos no son buenos ni malos, innovadores u obsoletos, locales o globales, más bien son adecuados o no al discente y sus circunstancias. Nuestra tarea consiste en ayudar a nuestro alumno a aprender cómo aprende. En otras palabras, la siempre repetida y poco practicada competencia de aprender a aprender, para nosotros en adelante *metacognición*.

Según el Ministerio de Educación, Cultura y Deporte, para desarrollar la competencia de aprender a aprender, se requiere «conocer y controlar los propios procesos de aprendizaje para ajustarlos a los tiempos y las demandas de las tareas y actividades que conducen al aprendizaje. La competencia de aprender a aprender desemboca en un aprendizaje cada vez más eficaz y autónomo. En aras de regular y controlar el propio aprendizaje se requieren la **reflexión** y la **toma de conciencia** de los propios procesos de aprendizaje en sentido global y en particular de los procesos mentales a los que se entrega el discente cuando aprende. De esta forma, los procesos de conocimiento se convierten en objeto del conocimiento y, además, hay que aprender a ejecutarlos adecuadamente.»

Es más, en el BOE del 29 de enero de 2015, el Ministerio va más allá del *saber hacer* e incorpora el concepto de *saber ser*, al que vincula conceptos como *curiosidad, protagonismo* o *autoconfianza* en los que hallamos clara confluencia con el componente emotivo del aprendizaje.

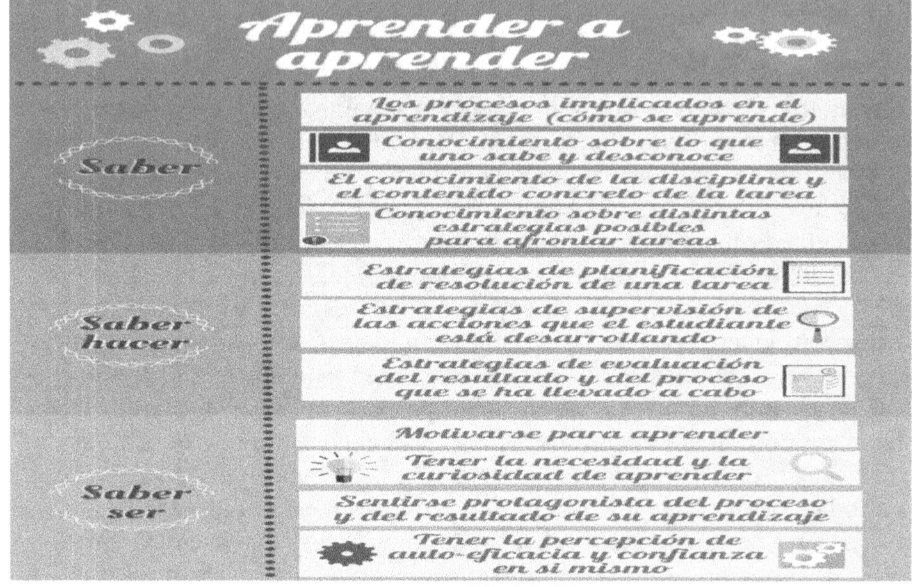

«La competencia de aprender a aprender es fundamental para el aprendizaje permanente que se produce a lo largo de la vida y que tiene lugar en distintos contextos [...].

Esta competencia se caracteriza por la habilidad para iniciar, organizar y persistir en el aprendizaje. Esto exige, en primer lugar, la capacidad para **motivarse por aprender**. Esta motivación depende de que se genere la **curiosidad y la necesidad de aprender**, de que el estudiante se sienta protagonista del proceso y del resultado de su aprendizaje y, finalmente, de que llegue a alcanzar las metas de aprendizaje propuestas y, con ello, que se produzca en él una **percepción de auto-eficacia**. Todo lo anterior contribuye a motivarle para abordar futuras tareas de aprendizaje».

Por tanto, el mandato es oficial: «los profesores han de ser capaces de generar en ellos la curiosidad y la necesidad por adquirir los conocimientos, las destrezas y las actitudes y valores presentes en las competencias» y «han de procurar que los estudiantes sean conscientes de lo que hacen para aprender y busquen alternativas» o lo que es lo mismo: emoción y conciencia para la autonomía.

Si el discente ha alcanzado una buena sintonía emocional respecto del objeto de su aprendizaje y si además ha logrado ser autónomo en el ejercicio de mejorar sus competencias en la materia podríamos considerar que el proceso de enseñanza-aprendizaje ha culminado con éxito, sin embargo según el enfoque de Kersten Reich –padre de la deconstrucción en la educación- limitarse a enseñar a construir/reconstruir conocimiento y juzgar procesos internos de aprendizaje es no invitar plenamente a la capacidad del discente, quien está llamado a superar a su mentor si fuera necesario mediante la reflexión crítica sobre su labor; respetuosa y constructiva, pero crítica al fin y al cabo. Quizás este enfoque suponga de nuevo un cambio en el rol del docente, quien según este enfoque podría verse enfrentado –a instancia propia- a la reflexión crítica de sus discentes.

Según lo entiende Kersten Reich el proceso de aprendizaje se desarrolla en tres etapas.

1. Construcción o de creación. El discente es inventor de su aprendizaje en la medida en la que se aproxima al objeto de estudio de una forma adaptada a su perfil cognoscitivo. Caben la experimentación, la exploración, el diseño de planes propios y comunes de acercamiento a la materia y la reflexión.

2. Reconstrucción. El discente es descubridor de la realidad y de su aprendizaje. Maneja, transmuta y reconstruye el objeto de su estudio de acuerdo con lo que para él es significativo.

3. Deconstrucción. El discente desenmascara la realidad, entendiendo por realidad mucho más que sus propios procesos de aprendizaje.

Ya no es solo una cuestión de metacognición y comprensión de los procesos de aprendizaje, sino que es necesario preguntarse si la realidad podría ser de otra manera. La reflexión crítica alcanza al nuevo conocimiento, al modo y al tiempo en el que se ha producido el aprendizaje, no solo internamente sino de forma genérica. El análisis del aprendizaje abarca también al docente, a la metodología, a la planificación, a los medios, al sistema de calificaciones... y de este modo se promueve la comprensión del proceso, el autoconocimiento y la capacidad crítica, al punto de que eventualmente el propio discente podría proponer mejoras.

Así por ejemplo, un alumno en la fase de deconstrucción podría enfrentarse a tareas como las que se describen a continuación.

a. En relación al papel de docente: reconocer la manipulación por parte de los demás.

b. En relación al objeto de estudio: juzgar la vida media estimada del conocimiento que ha adquirido.

c. En relación a la planificación y metodología de estudio: juzgar la adecuación de la planificación y de los métodos que ha empleado para el estudio y hacer una propuesta para combatir la pobreza metodológica.

d. En relación con el papel de los discentes: estimar la participación de sus compañeros y la suya propia.

e. En relación al sistema de notas: apreciar las limitaciones del sistema de calificaciones empleado.

Conviene señalar que deconstruir es de hecho más una actividad de reflexión que de adquisición de un conocimiento nuevo; más de autoaprendizaje que de enseñanza y más de autoevaluación por parte del alumno que de evaluación por parte del docente. Este diálogo explícito sobre las condiciones en las que se desarrolla el proceso enseñanza-aprendizaje requiere de una generosa disposición docente a activar en el estudiante los mecanismos de confianza a nivel de relación profesor/alumno que son necesarios para completar este proceso. Sin duda, este ejercicio de reflexión conjunta y explícita contribuye además con otros objetivos mencionados con frecuencia en los programas de los centros tales como «desarrollar en el alumnado el respeto a sí mismo y a los demás», «desarrollar el hábito intelectual» o «promover el diálogo con uno mismo y los demás» y no parece difícil imaginar que por su propia naturaleza, la práctica de la deconstrucción requiere del alumno (aparte de cierta madurez) una determinada disposición emocional e intelectual; un determinado ánimo de reflexionar, de hacer y hacerse preguntas y de cuestionar sin miedo a ser juzgado por la conveniencia o inconveniencia de sus ideas. Esta necesidad de estar en una disposición emocional e intelectual concreta es lo que explica que la deconstrucción esté íntimamente ligada al grado de bienestar emocional que se siente durante el aprendizaje y en compañía de profesor y compañeros, de manera que para deconstruir y completar el proceso de aprendizaje tal como lo concibe Reich, es necesario observar cuáles son las nuevas aportaciones de la neurociencia en materia de conexión emotivo-cognitiva. Desde luego, si algún alumno ha llevado a cabo una tarea de reflexión crítica como las que hemos descrito antes, lo ha hecho para sí mismo. Este tipo de reflexiones tienden a percibirse como incómodas y es común por parte del alumno pensar que cualquier pronunciamiento en este sentido puede poner en riesgo la aceptación del profesor. Sería natural que al principio un alumnado desacostumbrado a reflexionar sobre sí mismo en relación al objeto de su estudio ofreciera cierta resistencia ante una actividad como esta; y sería natural también que el profesorado no se mostrara dispuesto a exponerse a la crítica de un alumno respecto al que tradicionalmente se le presume «superioridad intelectual». Sin embargo esta resistencia cederá tan pronto como alumno y profesor aprecien la verdadera dimensión de lo que tienen entre manos: animar al estudiante a posicionarse críticamente ante la realidad que lo rodea. ¿No es acaso esto lo que hace un ser humano equilibrado, autogobernado y con capacidad de mejorar su mundo?

Si bien no son objeto de este artículo, no queremos dejar de mencionar el hecho de que ya existen estrategias metodológicas a través de las cuales estos conceptos pueden convivir en relativa armonía con el sistema, que obviamente necesita mejoras. Tenemos que continuar trabajando en el diseño de propuestas e ideas que nos faciliten el camino pero ya hoy existen algunas de resultado probado. El método ABP, las guías de autoaprendizaje, la incorporación de las preguntas productivas, los ejercicios de re-significación de la relación del discente con su entorno... todas pueden ser útiles herramientas de transformación de nuestro alumnado en seres emocionalmente saludables, autónomos y críticos. No obstante lo más apremiante será cobrar conciencia de que:

1. En el cerebro está todo lo que somos y eso incluye lo emotivo, que debe ser convenientemente integrado en el proceso de enseñanza-aprendizaje.

2. La creciente relevancia de la competencia de *aprender a aprender* continúa sin hallar correlación en el aula. Para que esta competencia –decisiva para el desarrollo del discente- pueda llegar a desarrollarse es preciso ocuparse de ella enseguida desde todas las áreas del conocimiento.

3. En el siglo XXI transmitir contenidos se ha convertido en la parte menos importante del trabajo del docente. Los contenidos ya no son válidos; válido es contar con la capacidad de elegir, de tomar decisiones y de reflexionar de forma crítica sobre nuestra realidad. Solo así la generación de nuestros alumnos podrá conducir con maestría un mundo que a fin de cuentas está llamado a ser gobernado por ellos y en el que a nosotros aún nos queda tanto por ver.

Referencias bibliográficas

MAURI, T. (1991): Objetivos y contenidos. Cuadernos de Pedagogía nº 183. Pp. 32-37.

MEC (2015). Orden ECD/65/2015 de 21 de enero, por la que se describen las relaciones entre las competencias, los contenidos y los criterios de evaluación de la educación primaria, la educación secundaria obligatoria y el bachillerato. (BOE de 29 de enero del 2015)

No hay ninguna fuente en el documento actual.

CAPÍTULO IV

EL CEREBRO PROACTIVO: NECESIDAD Y JUSTIFICACIÓN DE LAS METODOLOGÍAS ACTIVAS. APLICACIÓN AL APRENDIZAJE DE LA L2.

Dra. Olga Hinojosa Picón - Prof. CDI
Departamento de Filología Alemana, Sevilla, España

Resumen

En la presente contribución proponemos un ejemplo de cómo diseñar lo que consideramos un entorno favorable de aprendizaje en el ámbito universitario a través de la aplicación de metodologías activas en la enseñanza de alemán como lengua extranjera (DAF).

Keywords: active learning environment, foreign language teaching, methodology, university field.

Introducción

Son múltiples los factores que influyen en el proceso de enseñanza- aprendizaje, lo que justifica la aparición constante de nuevos presupuestos teóricos encaminados a facilitar al profesor del siglo XXI herramientas para afrontar el reto de (re)crear, en consonancia con los permanentes cambios culturales y tecnológicos de nuestra sociedad, entornos que favorezcan la producción de conocimiento. Entornos que conviertan al alumno en el verdadero protagonista de su proceso de aprendizaje y en los que la labor docente no consista tanto en facilitarle respuestas como en plantearle preguntas vinculadas a su realidad, que inciten al mismo a reflexionar sobre la materia impartida.

En el caso concreto del aprendizaje de una lengua extranjera, la creación de este tipo de entornos supone, si cabe, un reto aún mayor para el profesor, ya que el desarrollo de la competencia comunicativa no solo es incompatible con una división tradicional de la materia entre la teoría y la práctica, sino que requiere además, desde el primer minuto de clase, una participación activa por parte del aprendiente. Esto únicamente resulta factible cuando se trata adecuadamente el error, se concede una gran relevancia al aprendizaje autónomo y se potencia el trabajo colaborativo, premisas a menudo de difícil cumplimiento en el ámbito universitario, en el que sigue primando un tipo de enseñanza frontal que obstaculiza el aprendizaje activo defendido por los enfoques comunicativos actuales.

En este contexto, y ante la complejidad implícita en el traslado a la práctica docente de los presupuestos teóricos que defienden la necesidad de una "renovación metodológica" (March, 2006:36), hemos querido ilustrar a modo de ejemplo cómo puede desarrollarse un tipo de aprendizaje activo en el ámbito universitario, en el que el alumno no solo no se limite a escuchar, sino que sea partícipe en la construcción de su propio conocimiento de la materia impartida. Con esta finalidad, hemos seleccionado una tarea realizada en clase, cuyo diseño y puesta en práctica describimos en el apartado dedicado a la metodología, pero que no puede descontextualizarse de los objetivos que hemos perseguido como docentes a lo largo de todo el curso académico, ya que su ejecución conlleva una síntesis de todo lo aprendido durante el mismo.

Objetivos generales y específicos

El ejemplo de tarea que describimos en el siguiente apartado se ha desarrollado con un grupo de estudiantes matriculados en algunos de los diferentes Grados que oferta la Facultad de Filología de la Universidad de Sevilla, entre los que se incluyen el Grado en Estudios Ingleses, en Filología Hispánica, en Estudios Franceses, en Estudios Árabes e Islámicos y en Filología Clásica.

La asignatura en concreto en la que hemos aplicado las metodologías activas ha sido Idioma Moderno II Alemán, una materia troncal por la que optan alumnos con diferentes perfiles, como acabamos de mencionar, y que conforman en consecuencia un grupo heterogéneo en lo que se refiere a sus intereses respecto al aprendizaje y futura aplicación práctica de esta lengua extranjera. Lo que tienen todos en común es el haber adquirido previamente los conocimientos correspondientes al nivel A1 descrito por el Marco Común de Referencia Europea para las lenguas (MCER), base sobre la que da comienzo el curso, en el que deben alcanzar un A2 a lo largo de dos semestres en las cuatro destrezas (expresión escrita y oral, comprensión auditiva y lectora).

Además de lograr los objetivos definidos en el Proyecto Docente de la asignatura en cuestión de la que nos estamos ocupando, enfocados a la adquisición de un nivel de lengua oral y escrito acorde con las directrices aprobadas por el MCER, la meta final que nos planteamos en el aula como docentes ha sido en todo momento la de capacitar a los alumnos para afrontar – no sólo dentro, sino especialmente fuera de esta – las diferentes situaciones comunicativas que se proponen en el temario a un nivel A2 en lengua alemana. A modo de síntesis podríamos citar las siguientes: Matricularse en cursos de distinta índole dentro y fuera del ámbito universitario, empadronarse en una ciudad, y buscar vivienda y/o trabajo en cualquier país de habla germana.

Para lograr este objetivo principal, que va más allá de la mera obtención de una nota final de la asignatura, hemos ido diseñando a lo largo del curso una dinámica de trabajo que:

a) potenciara la participación de los alumnos en el desarrollo de las sesiones, planteando clases eminentemente prácticas en las que los presupuestos teóricos se transformaran en instrucciones para ejecutar tareas relacionadas directamente con la vida real.

b) concediera especial relevancia a la contextualización de los temas nuevos a través de preguntas vinculadas a los aprendidos con anterioridad, obligando a los alumnos a activar sus conocimientos previos.

c) posibilitara a los estudiantes concienciarse de que el conocimiento se adquiere a medida que se construye, fomentando la conexión de los contenidos de la materia impartida para que comprendieran que los temas, aunque aparezcan divididos en unidades, conforman un todo.

d) fomentara el aprendizaje autónomo, facilitando como docentes todas las herramientas pertinentes para que pudiera ser ejercitado de forma responsable fuera del aula con absoluta independencia.

e) promoviera el aprendizaje cooperativo, procurando solventar en su práctica en el aula el problema de que el trabajo en grupo no siempre implica colaboración.

f) aceptara el error como parte del proceso de aprendizaje y por lo tanto, como oportunidad de mejora.

g) contribuyera a desarrollar la capacidad crítica del alumnado mediante una autoevaluación continua.

h) entendiera la evaluación como parte de un proceso.

i) facilitara un compromiso didáctico, lo que hemos procurado lograr teniendo en cuenta que trabajamos con personas, concediéndole una enorme relevancia al componente emocional en todos los aspectos y adoptando el rol de compañeros en el proceso de aprendizaje sin que ello fuera en detrimento de nuestra autoridad.

A modo de resumen, podríamos afirmar que nuestra intención a la hora de cumplir los objetivos generales y específicos estipulados en el Proyecto Docente, ha sido promover en la práctica la adquisición de conocimientos no solo conceptuales, sino igualmente procedimentales y actitudinales. Para ello hemos ido diseñando nuestra propia metodología de trabajo en función de las necesidades e intereses del grupo que acabamos de describir, integrando en algunas ocasiones y adaptando en otras, los diferentes presupuestos teóricos en los que se asientan los enfoques comunicativos actuales. Solo así hemos logrado crear un entorno de aprendizaje basado en el proceso y no exclusivamente en los resultados. Un entorno en el que hemos asumido como docentes el papel de compañeros y guías de trabajo en un aula que hemos concebido como un espacio dinámico, en el que el alumno ha sido el verdadero protagonista de su aprendizaje.

La ejecución del tipo de tarea que describimos a continuación, mediante la que hemos procurado que los alumnos continúen desarrollando competencias y no se limiten a la mera acumulación de conocimientos, no hubiera sido factible si no hubiéramos llevado a la práctica previamente a lo largo de ambos semestres las premisas (y simultáneamente objetivos) a las que acabamos de hacer mención.

Método

Con la actividad que proponemos a modo de ejemplo de la puesta en práctica de metodologías activas, hemos pretendido que los alumnos llevaran a cabo una síntesis de lo aprendido durante todo el curso. Asimismo que lo materializaran en forma de un discurso oral, destreza que consideramos de gran complejidad, ya que en el acto del habla se activan necesariamente todos los conocimientos de la lengua al objeto de que se produzca una comunicación que debe ser fluida. Hemos procurado para ello crear, como en sesiones anteriores, un entorno que favoreciera el aprendizaje crítico natural (Bain, 2007), persiguiendo en todo momento la meta no solo de captar, sino de mantener la atención de los estudiantes. Nos hemos apoyado asimismo en la concepción del taller conceptual (Finkel, 2008) y hemos procurado fomentar el desarrollo de un aprendizaje significativo y profundo en lugar de estratégico.

La actividad que debían realizar los alumnos y que secuenciamos en tres sesiones, consistía básicamente en la elaboración y escenificación de un diálogo que reprodujera una situación comunicativa real en la que se relacionara todo lo aprendido hasta el momento. Una situación que debían contextualizar ante el resto de compañeros antes de proceder a su representación. El procedimiento era el siguiente:

1ª Sesión: Planteamiento del problema a resolver, entrega de instrucciones y sugerencias para su ejecución

Los alumnos, habituados ya a trabajar en grupo de forma colaborativa, recibieron una hoja de trabajo con una serie de instrucciones que, a diferencia de ocasiones anteriores, estaba redactada en lengua española. De esta forma pretendíamos que, acorde a su nivel, no encontraran obstáculo alguno a la hora de comprender lo que se les estaba pidiendo y no fuera necesario recurrir a una aclaración adicional por nuestra parte. Nuestra intención era que nuestro papel como docente se limitara aún más a la hora de intervenir en la ejecución de la actividad, que debían comenzar a desarrollar los estudiantes en el aula en esa misma sesión.

En la hoja de trabajo se podía leer lo siguiente:

A. Imagínate que te encuentras en una de estas dos situaciones:

- Te han concedido una beca Erasmus el próximo curso en alguna ciudad de Austria o Alemania y necesitas encontrar un piso. En la página web de la universidad lees que hay un servicio académico que te ofrece ayuda para buscar vivienda. Pero tienes que contactar con ellos y solo puedes hacerlo telefónicamente para hacerles saber tus preferencias y conocer también sus condiciones. ¿Cómo te preparas para afrontar esta situación recurriendo exclusivamente a la lengua alemana?

- Querías hacer prácticas en una empresa antes de finalizar la carrera, así que enviaste un CV a una empresa alemana, que acaba de invitarte a una entrevista de trabajo para ofrecerte nada menos que unas prácticas remuneradas. Te han dado cita para mañana a las 16.00 h. ¿Cómo te preparas esa entrevista en lengua alemana? Porque en la empresa no saben nada de español, pero consideran que un nivel A2 es más que suficiente para que puedas desarrollar tu trabajo.

B. Ahora elige una de las dos situaciones mencionadas, elabora una lista con tu compañero/a de todo aquello que creas que pueden preguntarte para preparar tus posibles respuestas y construye con él/ella un diálogo hipotético en lengua alemana asumiendo ambos roles.

C. Una vez que tengas preparado el diálogo, ensaya su escenificación con tu compañero/a e intercambia roles para presentarlo luego ante el resto de la clase. Recuerda que antes de comenzar a reproducir el diálogo, debes contextualizarlo brevemente para tus compañeros/as espectadores, explicando brevemente cómo, dónde y en qué circunstancias surge esa conversación. Asimismo, que debes estar preparado para responder a todas las preguntas que plantee el resto de compañeros/as tras la escenificación de tu diálogo desde el rol que hayas asumido.

Aunque no se trataba de la primera vez que los alumnos escenificaban un diálogo en el aula, metodología que había dado hasta el momento muy buenos resultados, el objetivo que perseguíamos en esta ocasión mediante la ejecución de la tarea, en principio más complicada que las que habían ejecutado en clase con anterioridad, era que relacionaran entre sí las diferentes situaciones comunicativas que se habían visto a lo largo de todo el curso y la materializaran en la escenificación de una en concreto, hipotéticamente real, que no se limitara exclusivamente a un tema. Ello implicaba extraer de todo lo aprendido la información suficiente como para producir un diálogo fluido que vinculara todos los contenidos del temario, es decir, activar conocimientos adquiridos a lo largo de dos semestres (A2.1 + A2.2).

Como nuestra intención era plantearles un reto mediante la presentación de un problema complejo, pero no imposible de resolver, para que absolutamente todos pudieran empezar a trabajar de inmediato con la situación comunicativa descrita en la hoja de trabajo directamente en el aula, habíamos preparado otras herramientas complementarias destinadas a facilitar la resolución de la tarea planteada, a saber, desenvolverse en lengua alemana en el ámbito público ante una situación concreta en la que confluían, como en la vida real, diferentes discursos. En este caso, esa ayuda la recibieron, aquellos alumnos que lo necesitaron, en forma de preguntas sencillas, conectadas directamente a lo aprendido en niveles anteriores, es decir, en el A1 y en el A2.1. Con ello perseguíamos que activaran conocimientos previos sin recurrir a soporte físico alguno y que tomaran conciencia de que ya disponían de esos conocimientos, valga la redundancia, sin necesidad de buscarlos en libros de textos o en la red. Por ejemplo, en relación a la primera situación comunicativa, que al presentarse como texto podía parecer en exceso complicada de resolver para algunos alumnos, proporcionamos una hoja extra con algunas sugerencias para la formulación de preguntas sencillas vinculadas a la vivienda (¿prefieres apartamento individual o habitación en piso compartido?), al carácter y las costumbres o la ubicación del piso (¿te gustaría vivir en el centro o en la periferia, en la ciudad o en el campo?). En relación a la segunda situación comunicativa, otras ideas que se aportaron a modo orientativo giraban en torno a cómo encajar el perfil del alumno con el de la empresa, cómo resaltar los puntos fuertes a lo largo de la entrevista, la duración de las prácticas, etc. Al facilitarle estas opciones, muchos alumnos experimentaron lo que en alemán se conoce como "Aha-Erlebnis", y comenzaron de inmediato a trabajar. Otros sencillamente no necesitaron ayuda externa alguna y no hicieron uso del formulario que teníamos preparado a tal efecto.

Además de la hoja de instrucciones y el formulario con posibles preguntas para la realización del diálogo, los alumnos tenían a su disposición una copia con un listado en lengua alemana de todas las situaciones comunicativas que se habían trabajado en clase, de acuerdo con el manual que estaban manejando. Al estar cursando un A2, como comentamos con anterioridad, se les presuponían conocimientos previos suficientes (A1) para contextualizar el diálogo en las situaciones descritas. Una vez que estos se habían activado, el segundo reto consistía no solo en saber trasladarlos a la conversación que iban a mantener, sino también en aplicarlos a una situación de mayor complejidad. Y en atreverse a llevar a cabo esa actividad sin miedo a cometer errores, recurriendo a fórmulas sencillas, pero acordes a su nivel, para intentar reproducir un diálogo que pudiera plantearse en la vida real, compensando los lapsus con la puesta en práctica de todo tipo de estrategias que permitieran el planteamiento de una conversación con el menor número de interrupciones posibles.

<u>2ª Sesión: Resolución del problema planteado para el que no existe una única respuesta</u>

En la primera sesión era prácticamente imposible ejecutar por completo la tarea que se les había encomendado. De hecho, la idea era que comenzaran el diálogo en el aula y que repasaran a título individual fuera de ella todos aquellos puntos del temario que, aun dándose por sabidos, no estaban afianzados. En la segunda sesión, por tanto, los alumnos continuaron trabajando, contrastando con sus respectivos compañeros los cambios que habían llevado a cabo individualmente en el diálogo. Algunos de hecho comenzaron a ensayar ya al final de la clase en el aula la situación comunicativa elegida, escenificándola y preparando su contextualización para la representación.

Lo más relevante para nosotros como docentes durante el transcurso de esta segunda sesión fue que, al igual que ocurriera en la anterior, nuestra intervención fue completamente puntual, limitándonos a hacer propuestas concretas y a aportar soluciones únicamente cuando eran los alumnos los que solicitaban ayuda. En este sentido, el hecho de haber subrayado desde el principio que no había una única solución al problema planteado, que admitía de hecho múltiples variantes en su ejecución y resultado, ayudó visiblemente a los estudiantes a explorar diferentes posibilidades sin buscar constantemente nuestra aprobación como docentes. En este entorno, durante el proceso de ejecución de la tarea, tuvimos la oportunidad de observar cómo se traducía en la práctica el aprendizaje cooperativo combinado con el aprendizaje autónomo y pudimos disponer de tiempo suficiente, al no ser el centro al que los alumnos dirigían toda la atención, para analizar, como hemos hecho durante el curso mediante la realización de actividades similares, las necesidades de cada grupo y evaluar su ritmo de aprendizaje.

<u>3ª Sesión: Exposición de resultados.</u>

En esta última sesión en la que se dividía la actividad, cada grupo representó en 10 minutos su situación comunicativa. Algunos de ellos, constituidos por motivos estructurales por más tres alumnos, buscaron también alternativas para ampliar su tema de forma que todos pudieran participar adoptando un rol. De esta forma, por ejemplo, en la propuesta en la que tenían que buscar un alojamiento a través de la plataforma que destinaba para ello la universidad, el funcionario de turno ponía en contacto al estudiante correspondiente con una tercera persona que disponía de un piso para tales fines. En consecuencia, los alumnos lograron incorporar diferentes discursos, tanto en el ámbito de lo privado como de lo público, recurriendo indistintamente al tratamiento de tú y usted en función de las necesidades del guion que fueron creando.

Durante la exposición fuimos tomando nota de cómo interactuaban los alumnos que exponían, no solo entre ellos mismos, sino y muy especialmente con el resto de los compañeros, quiénes a su vez, no se limitaban a escuchar, sino que intervenían formulando preguntas sobre todo aquello que había suscitado dudas durante la representación. También respondiéndolas cuando era el grupo que había representado su situación comunicativa el que las formulaba al resto para asegurarse de que todo se había comprendido a la perfección. En este sentido, la actitud de los alumnos durante el desarrollo de toda la sesión no fue en ningún momento competitiva, sino colaborativa.

Resultados

Como hemos mencionado anteriormente al describir la dinámica de la clase adoptada a lo largo del curso, hemos procurado en todo momento que el alumno fuera el verdadero protagonista de su proceso de aprendizaje, por lo que a la hora de diseñar la actividad que acabamos de exponer, era igualmente nuestro objetivo el que este fuera plenamente consciente y partícipe del mismo. Consideramos que así ha sido. Por una parte, porque durante la fase de preparación de la actividad los alumnos pudieron constatar algo que no por ser evidente, siempre se acepta, y es que, aunque el sistema de evaluación impone una diferenciación entre el 1º y el 2º cuatrimestre, lo cierto es que, más allá del programa, una lengua no se deja dividir sencillamente en temas. En este sentido, y como era de esperar, para la preparación del ejercicio tuvieron que recurrir a todas las estructuras aprendidas para afrontar la situación comunicativa que se les había planteado. Esto les hizo en consecuencia muy presente una vez más la imposibilidad de dividir la materia en temas, ya que una conversación real no puede interrumpirse por el mero hecho de que no se haya visto un punto determinado del temario en su momento en clase o de que el mismo no sea materia del próximo examen, lo que da al traste con el aprendizaje estratégico y potencia el significativo. Asimismo, y ya que un acto de habla surge en colaboración con al menos un interlocutor, el éxito en la resolución del problema planteado dependía de todos y cada uno de los componentes del grupo. Por este motivo, todos los alumnos tuvieron que activar diferentes estrategias comunicativas y colaborar en la resolución del problema con el consenso del resto, mejorando así la dinámica de trabajo en equipo en detrimento de la competitividad respecto a la obtención de una calificación numérica, que había dejado de ser el objetivo último.

Respecto a la escenificación de la situación comunicativa seleccionada, el resultado fue que los alumnos actuaron con gran naturalidad porque, aunque sabían que esta era ficticia, al tener que interpretarla, pusieron gran empeño en que los diferentes roles que se habían preparado parecieran completamente reales. En este sentido, en lugar de aprenderse de memoria estructuras, aceptaron hablar con la fluidez que se contempla a su nivel y mostraron su capacidad de resolución ante algunos de los lapsus que se produjeron, recurriendo al lenguaje corporal para solicitar ayuda en busca de la palabra olvidada y concediendo prioridad a la comunicación sin pensar exclusivamente en la corrección gramatical. De esta forma, el tratamiento del error en el que habíamos venido insistiendo a lo largo de todo el curso dio finalmente muy buenos resultados, en tanto en cuanto se consideró en todo momento como una oportunidad de mejora para el futuro y no como una forma de fracaso en el presente. De ahí que se produjeran auto-correcciones continuamente y prevaleciera un ambiente de ayuda y respeto mutuo.

Al igual que ocurriera durante el proceso de preparación del diálogo, en la posterior escenificación del mismo, los alumnos se convirtieron en sujetos activos de su aprendizaje, se involucraron confrontándose a una situación compleja de forma autónoma, así como en colaboración con sus compañeros y tuvieran que resolverla produciendo finalmente un acto de comunicación perfectamente evaluable. Si a ello le añadimos el hecho de que nuestro rol docente fue principalmente el de guía y recurso durante todo el proceso, logramos, según March (2006: 54), que se cumplieran las condiciones que garantizan la puesta en práctica de las metodologías activas y con ello la implicación activa del alumno en su proceso de aprendizaje, objetivo último de nuestra tarea.

Discusión y conclusiones

Los resultados de la puesta en práctica de metodologías activas son extremadamente fructíferos. En el ejemplo que hemos descrito en esta aportación, la simulación protagonizada por los estudiantes, guiados por una serie de preguntas, los convirtió durante todo el proceso en sujetos activos, conscientes de su proceso de aprendizaje. La resolución satisfactoria del reto planteado reforzó su autoestima y les facilitó la conexión de la asignatura con el mundo real, valoraciones que conocemos a través de la evaluación del curso que nos han proporcionado los propios estudiantes mediante los correspondientes cuestionarios preparados a tal efecto, en los que debían reflexionar no solo sobre los conocimientos adquiridos, sino también sobre el propio proceso de aprendizaje.

El inconveniente que conlleva esta dinámica de trabajo es que nos exige como docentes un esfuerzo adicional para su planificación, diseño y organización. En este sentido, consideramos que hay que ser muy consecuente con la secuenciación de las actividades, de forma que su práctica no revierta en una demora del temario a impartir. Además, las tareas deben ser de muy diversa índole para evitar la monotonía y las instrucciones para su ejecución muy claras y precisas, por lo que resulta imprescindible conocer perfectamente las características y los intereses del grupo al que va dirigida la actividad, así como dominar la asignatura en cuestión en la que se aplica. En esta misma línea consideramos que el problema planteado a los alumnos debe ser lo suficientemente complejo como para despertar su interés, pero a su vez lo suficientemente sencillo como para que pueda ser resuelto recurriendo a las herramientas de las que se dispone en el aula. Esas herramientas las tenemos que proporcionar los docentes, aunque únicamente a medida que vayan surgiendo preguntas, para ponerlas entonces y no antes a disposición de los alumnos. En nuestro caso, por ejemplo, cuando observamos que algunos estudiantes no sabían exactamente cómo afrontar la tarea en lengua alemana a pesar de que tenían claro lo que se les estaba pidiendo, pusimos a su alcance un cuestionario con ejemplos de posibles preguntas que facilitaran la elaboración del diálogo. De esta forma el desconcierto se transformó en asombro por lo que conocían y reconocieron que podían hacer, es decir, descubrieron que contaban con conocimientos previos suficientes para contextualizar un diálogo en todas las situaciones que se describían y que, por lo tanto, aunque la actividad requiriese un esfuerzo extra, estaban perfectamente capacitados para ejecutarla. En este sentido, pensamos que encontrar el equilibrio en la propuesta es fundamental para garantizar el éxito de su puesta en práctica, que debe estar diseñada para alumnos avanzados, pero también para los más rezagados.

Otra dificultad añadida en la aplicación de las metodologías activas es la de habituar a los alumnos a participar en una clase que no sea frontal y enseñarles a trabajar en grupos aun cuando el aula cuente con un mobiliario fijo que sitúe al profesor precisamente en frente de los alumnos. En nuestro caso hemos logrado sortear esas dificultades realizando con frecuencia este tipo de tareas, y aunque no recomendamos organizar todo el temario exclusivamente en base a actividades como la que acabamos de proponer, sí nos parece adecuado planificar todas las sesiones recurriendo a las metodologías activas, procurando encontrar el punto medio entre tradición e innovación, sin perder para ello de vista que el origen de este tipo de actividades la encontramos ya en Sócrates y que en muchas ocasiones la innovación consiste principalmente en rescatar del olvido y adaptar al siglo XXI algunas de las técnicas que siempre han funcionado en el proceso de enseñanza-aprendizaje.

Referencias bibliográficas

Bain, K. (2007). *Lo que hacen los mejores profesores universitarios*. Valencia: Publicaciones de la Universidad de Valencia.

Consejo de Europa (2001). *Marco Común Europeo de Referencia para las Lenguas: aprendizaje, enseñanza, evaluación*. Recuperado de http://cvc.cervantes.es/obref/marco (13.05.17)

Finkel, D. (2008). *Dar clase con la boca cerrada*. Valencia: Publicaciones de la Universidad de Valencia.

March, A. F. (2006). Metodologías activas para la formación de competencias. *Educatio siglo XXI*, 24, 35-56. Recuperado de http://www.unizar.es/ice/images/stories/materiales/curso35_2009/Metodologiasactivas.pdf (13.05.17)

March, A. F. (2010). La evaluación orientada al aprendizaje en un modelo de formación por competencias en la educación universitaria. *REDU. Revista de Docencia Universitaria, 8* (1), 11-34. Recuperado de https://doi.org/10.4995/redu.2010.6216 (13.05.17)

Pozo, J.I. (2013). *Aprendices y Maestros. La psicología cognitiva del aprendizaje*. Madrid: Alianza Editorial.

Richards, J. y Rodgers, T. (2009). *Enfoques y métodos en la enseñanza de idiomas*. Madrid: Edinumen.

Roselló, M. R. Z. (2010). La aplicación de metodologías activas para la enseñanza de las ciencias jurídicas a estudiantes de primer curso. *REJIE. Revista Jurídica de Investigación e Innovación Educativa*. 1, 95-106.

Schiffler, L. (2012). *Effektiver Fremdsprachenunterricht. Bewegung – Visualisierung – Entspannung*. Tübingen: Narr Francke.

Storch, G. (2001). *Deutsch als Fremdsprache – Eine Didaktik. Theoretische Grundlagen und praktische Unterrichtsgestaltung*. München: Wilhelm Fink.

CAPÍTULO V

EL CEREBRO SOCIAL: APRENDIZAJE COLABORATIVO BASADO EN PROYECTOS. APLICACIÓN AL APRENDIZAJE DE LA L2.

Dra. Cristina Martínez Fraile – Prof. CDI
Departamento de Filología Alemana, Sevilla, España

Resumen

La presente aportación reúne experiencias que ponen de manifiesto los beneficios que proporciona aplicar una metodología basada en proyectos de carácter cooperativo y colaborativo para el aprendizaje de alemán como lengua extranjera. Estas metodologías con un perfil socializante aprovechan el carácter social del estudiante para potenciar su aprendizaje dentro de un grupo.

Keywords: trabajo colaborativo y cooperativo; ser social; *Landeskunde;* neurociencia; DaF

Introducción

Bajo esta denominación "El cerebro social: aprendizaje colaborativo basado en proyectos. Aplicación al aprendizaje de la L2." se presume el posible vínculo que existe entre las metodologías de colaboración y de cooperación y la enseñanza de lenguas extranjeras. Por un lado, se parte de que toda manifestación de aprendizaje enlaza de alguna forma con las características del cerebro humano, entendiendo al ser humano como ser social por naturaleza que aprende con otros en su necesidad primaria de relacionarse y de sobrevivir en el medio que le rodea. Por otro lado, el trabajo observacional de algunos estudios de caso recogidos en investigaciones como *El aprendizaje colaborativo en el aula* (Johnson, D.W.; Johnson, R. T. y otros,. 1999); "Aprendizaje Colaborativo Asistido por Computador: la esencia interactiva" (Baeza, Paz y otros, 1999); *Aprendizaje cooperativo: teoría, investigación y práctica* (Slavin, R., 2002) "El grupo en el aprendizaje: ventajas y desventajas de la técnica de la dinámica de grupo." (Zárate, Hilda Z. - Moiraghi de Pérez, Liliana E., 2004); "Estrategias didácticas creativas en entornos virtuales para el aprendizaje" (Delgado Fernández, M.; Solano González, A., 2009), entre otros, actúan como indicadores para constatar que en los trabajos en equipo los resultados se potencian de forma muy positiva si se le compara con el aprendizaje centrado en el individuo. En este contexto, la práctica docente ha ido renovando su manera de enseñar al entender que "El significado se construye mediante la actividad conjunta y no mediante la transmisión de conocimiento del docente a los estudiantes" (Rodríguez

Ruiz y García-Merás, 2010). En relación con el trabajo realizado con la neurocientífica Esther Alberca sobre "Procesos neurocognitivos determinantes del aprendizaje" (2017), parece ser que hay evidencias muy claras de lo beneficioso que puede resultar el trabajo cooperativo como manifestación del carácter social del ser humano. Aprender lenguas con una finalidad pragmática se entiende como un ejercicio de socialización o negociación social del individuo que, como ser social, desea comunicarse, bien transmitiendo o bien recibiendo información del medio que le rodea, en este caso del entorno más inmediato como es el aula. En este sentido, se habla de cerebro social en el contexto de la enseñanza de lenguas extranjeras. Por la naturaleza misma de ser considerado un hecho social tiene razón aquí plantear las clases de lenguas extranjeras aplicando metodologías de cooperación y colaboración. Se aprende con otros y de otros, lo que en psicología social se conoce con el nombre de Zonas de Desarrollo Próximo (Vygostky, L.S., 1978). Determinadas evidencias obtenidas a partir de proyectos organizados en torno a trabajos de colaboración y cooperación entre alumnos que aprenden una segunda lengua hace pensar en una posible una respuesta neuronal frente a este tipo de metodología aplicada que actúa como estímulo. Se ha tomado como referencia un corpus de experiencias que desde principios de este siglo vienen apostando por desarrollar proyectos cooperativos en clase de lenguas extranjera, algunos de ellos complementados con la incorporación de las TIC como herramienta de introducción de las redes sociales. En todas las experiencias predomina el factor común de lo social y la satisfacción de los participantes en este tipo de metodología llevada a cabo, una satisfacción que se refleja no sólo en lo emocional sino que se refleja en los resultados obtenidos. Entre ellas cabe citar "Aprendizaje cooperativo para la enseñanza de la lengua" (Trujillo Sáez, F., 2002); "El chat como medio de enseñanza y aprendizaje colaborativo en EFL (English as a Foreign Language): un análisis de conversación" (González, D. y Esteves, L., 2006); "Las redes sociales como entorno de aprendizaje colaborativo mediado para segundas lenguas (L2)" (Sotomayor García, G., 2010). La efectividad y los buenos resultados obtenidos en esas propuestas afines a la que aquí se presenta pueden garantizar también el éxito si se aplica en el contexto de la enseñanza de alemán como lengua extranjera (DaF). En esta contribución, acorde a los objetivos generales del Marco Común Europeo de Referencia para las Lenguas (MCERL), a los propuestos para el Grado en Lengua y Literatura Alemana y a los objetivos específicos de la asignatura de Lengua Alemana A1, se aporta, a modo de ejemplo, dos tareas que han sido diseñadas en torno a los presupuestos teóricos del aprendizaje colaborativo y llevadas a la práctica. Se ofrece, asimismo, un resumen comparativo de los resultados obtenidos cuando la misma tarea es resuelta individualmente o en grupo.

Objetivos generales y específicos

El pilar básico de este trabajo reside en plantear objetivos de aprendizaje interdisciplinar entre la neurociencia y la historia de la metodología, esto es, aprovechar el aspecto social del cerebro y el perfil de metodologías también con un carácter socializante. El hallazgo de evidencias de que hay un fundamento científico de esta necesidad social del ser humano sería aplicado para la enseñanza de las lenguas extranjeras.

La tarea diseñada se contextualiza dentro de la asignatura Lengua Alemana A1 de un grupo del primer curso de Filología Alemana. Concretamente, para esta tarea, se trabajan aspectos relacionados con el área de *Landeskunde*. La denominación de los nuevos grados en Lengua y Literatura entiende la enseñanza de una lengua extranjera como un todo en el que cobran especial importancia los aspectos relacionados con la cultura y la civilización. "Es una constante en los planes de estudios analizados los contenidos en dos lenguas (...) con sus literaturas y conocimientos de las respectivas culturas y de los respectivos entornos culturales e históricos" (ANECA, Libros Blancos). De este modo, los objetivos específicos de la misma asignatura enlazan con los trazados en el MCERL "Conocimiento de la historia y la cultura de los países de habla extranjera". No obstante, la distribución de las asignaturas en lengua instrumental denota una descompensación en detrimento de los dos últimos descriptores, esto es, de los aspectos culturales e históricos. Con esta tarea se persigue profundizar y mejorar la competencia nocional-cultural del estudiante de lengua alemana. A través de un enfoque renovado combinando metodologías activas con un perfil constructivista y estrategias colaborativas se puede favorecer el acto del razonamiento así como producir mejoras en la adquisición de la competencia cultural y, por ende, de la competencia lingüística. En este sentido, se aboga por:

1. Fomentar la capacidad de trabajar en pareja o en grupo frente a la forma tradicional de trabajo donde la práctica se resolvía a través de clases de carácter expositivo, aprendizaje fáctico y memorístico y evaluación con exámenes.

2. Desde el punto de vista metodológico se persigue potenciar el uso de metodologías activas, tales como herramientas interactivas y redes sociales en consonancia con el perfil del nuevo alumno nacido entre nuevas tecnologías.

3. En relación con los dos puntos anteriores se persigue combinar dos métodos atractivos de trabajo: el trabajo cooperativo y las redes sociales.

4. Incentivar corresponsabilidad del estudiante para con el resto del grupo, pues con el trabajo en equipo se persigue un bien común que deriva, al mismo tiempo, en un beneficio individual y personal.

5. Aprender del resto de los compañeros de su grupo.

6. Desde el punto de vista emocional, reducir la tensión y evitar la presión de ser evaluado individualmente. El alumno se siente parte de un grupo, donde todos son merecedores de los logros y donde los errores son entendidos como un desafío de grupo para superarlos y mejorar.

7. Fomentar el interés y la participación en clase, que se ve mermada cuando se trata de una participar individualmente.

8. Promover la competencia que puede ser considerada un factor de motivación. La competencia y la cooperación se aplican en este contexto como estrategias sociales.

9. En un nivel más de concreción, enseñar aspectos de *Landeskunde* relacionados con la geografía de las zonas germanoparlantes.

10. Potenciar el manejo de mapas y denominaciones locales en lengua alemana para que, desde un punto transversal, el alumno sea capaz de ubicar hechos históricos, que serán tratados en asignaturas de su plan de estudios, así como acontecimientos de la actualidad presentes en medios de comunicación y redes sociales.

11. Mejorar la expresión oral (mediante la presentación en formato *Power Point*) y escrita en la segunda parte de la tarea. Asimismo, se contempla mejorar la comprensión oral del resto del grupo que actúa como público.

En definitiva, bajo este planteamiento, se apuesta por aplicar los beneficios corroborados de las estrategias colaborativas para cubrir las pretensiones recogidas en la enseñanza de las lenguas extranjeras y así garantizar el éxito en el aprendizaje del estudiante.

Metodología

Tradicionalmente las dos tareas aquí propuestas habían sido resueltas de forma individual en cursos anteriores. Respondían al objetivo de conocer aspectos de *Landeskunde,* concretamente la geografía de los países germanoparlantes a través de la memorización de mapas y de accidentes geográficos que luego serían objeto de evaluación en un examen tradicional en una primera parte; en una segunda parte, eran evaluados mediante la exposición individual de una presentación Power Point sobre una ciudad de habla alemana. Hasta entonces no se habían cuestionado ni los resultados ni la práctica docente en el ámbito universitario. No obstante, los resultados obtenidos arrojaban datos preocupantes no sólo reflejados en las calificaciones sino en el comportamiento del estudiantado. Esto, unido a la renovación metodológica de finales del siglo pasado que introduce lo que se conoce como aprendizaje crítico natural (Bain, 2007), hace que se cuestione la metodología docente tradicional. Era hora de poner el acento en despertar en el alumno la curiosidad haciéndolo protagonista mediante un proceso de inmersión en la materia que le toca aprender. La autenticidad, la identificación y la utilidad se vuelven ingredientes claves para que el alumno sienta que saca rendimiento de lo que se le está enseñando. Entender la materia como útil requiere partir de sus conocimientos previos, ya que el aprendizaje de algo nuevo se produce en el alumno una vez asegurado el "punto de partida". En esto, es imprescindible hacer una puesta en común en el grupo sobre lo que ya se sabe, de lo contrario la redundancia sólo produciría hastío. Para tal fin se presentó un breve cuestionario que serviría como instrumento para valorar el grado de conocimientos "culturales" y la adecuación de la metodología empleada. Como muestra se tomó la respuesta de los dos grupos de alemán del primer curso. En la encuesta se tuvo en cuenta todo el espacio germanoparlante (Espacio D-A-CH; Deutschland, Öschterreich, die Schweiz). Se demandaba del alumnado una valoración de entre 1 y 5, siendo 1 el menor valor y 5 el mayor, información sobre sus conocimientos factuales de cada uno de estos países. Las cuestiones giraban en torno a los conocimientos geográficos, sobre el sistema político y su situación política actual, conocimientos sobre la economía, sobre las fiestas y las tradiciones populares, conocimientos en torno a las tendencias sociales (población, religión, familia, educación, etc.). Las manifestaciones artísticas plásticas y los artistas, el cine, los medios, la historia y los aspectos literarios también fueron objeto del cuestionario. Asimismo, también se plantearon cuatro preguntas sobre metodología, concretamente acerca de la necesidad de aprender las cuestiones citadas y sobre la adecuación de impartir este ámbito en la lengua meta o en la lengua materna; asimismo también se les preguntó acerca de la idoneidad de los exámenes como modelo de evaluación y sobre las ventajas de trabajar la materia de forma individual o en grupo. A partir de los datos obtenidos pudimos concluir que los alumnos reconocen tener pocos conocimientos "fácticos". Una gran mayoría de los alumnos estima necesario el tratamiento de estos contenidos en todos los cursos y el 90% desearía hacerlo en alemán y en español. Asimismo, un gran porcentaje de alumnos de lengua instrumental reconocía que aprenderlos de forma memorística contribuía al olvido inmediato tras la prueba de evaluación. Las exposiciones individuales eran momentos en los que acumulaban tensión y nervios y apenas aprendían nada. En este sentido, en el proceso de enseñanza-aprendizaje "escuchar y recordar" debían sustituirse por "cuestionar, analizar y evaluar". La repetición de modelos instructivos aseguraba la desconcentración y la falta de aprendizaje. Igualmente, el trabajo individual reclamaba ser sustituido por técnicas de actuación grupal distribuida en secuencia de actividades. De este modo, se propuso, siguiendo los mismos objetivos, abordar la cuestión en dos sesiones a través de una dinámica grupal.

a)   Primera sesión: Competición de mapas

El objetivo de esta actividad consistía en conocer la geografía física y política de los países de habla alemana. Tomamos el caso de Alemania que serviría como modelo para resolver los casos de Austria o de Suiza. Una vez resuelta la distribución de los grupos se les pasó un documento escrito con las instrucciones del "juego". Deberán saber ubicar las diferentes *Bundesländer* del país en concreto así como los principales accidentes geográficos físicos (planteados por la aplicación web) en el menor tiempo posible y con el menor número de errores. Contarían con un tiempo de visualización, de entrenamiento y de ensayo (60 minutos) previos al momento de la competición entre equipos (30 minutos). Plantearles la cuestión de forma lúdica parecía asegurarles la diversión y restarles presión. Como material se les presentó unos mapas interactivos proporcionados en la red. Se trataba de un trabajo con mapas de los países de habla alemana (Austria, Alemania y Suiza). Para ello se utilizó un material de carácter interactivo proporcionado en la red http://serbal.pntic.mec.es/ealg0027/mapasflash.htm. Estos mapas definidos como "didácticos" presentan un perfil lúdico para aprender geografía. Los resultados podían ser volcados en Facebook donde quedaban registrados el número de puntos, un dato que contribuía a fomentar las estrategias sociales de colaboración entre los miembros de un mismo equipo y, al mismo tiempo, de competición entre los grupos. En este sentido el ingrediente tecnológico también se ajustaba al perfil del estudiante del siglo XXI muy familiarizado con las TICs y con las redes sociales. La competición se convertía en el modelo de evaluación. Se trataba de una actividad grupal secuenciada a su vez en dos momentos definidos con los lemas "Todos para uno" (Prueba de todo el grupo en su conjunto en el que cada miembro del grupo se beneficia de los resultados obtenidos por el equipo) y "Uno para todos" (Un componente elegido al azar se erigía como responsable del resto del grupo. Sus resultados serían los mismos que obtendrían todos los miembros del grupo). Los puntos que contabilizaban formarían parte de un ranking.

b)   Segunda sesión: *Meine Stadt*

La segunda actividad dentro de la secuencia de actividades consistía en la elaboración de una presentación Power Point con los atractivos culturales de una ciudad germano-parlante. Se presentaba al grupo la ciudad y ellos tenían que ser capaces de ubicar la ciudad dentro del país así como de hacer una descripción en la lengua meta de los principales puntos turísticos o momentos históricos. Esta prueba se concebía también como instrumento para dar a conocer posibles destinos de su futura estancia en países de habla alemana (Convocatoria Erasmus, Leonardo, etc.) De nuevo consistía en un ejercicio donde se premiaba, previa votación de los grupos, la ciudad presentada como más atractiva. En este sentido, la presentación oral se valora como instrumento de convicción social y el premio como incentivo que propicia no sólo la competencia sino también la superación y la producción de materiales de una excelente calidad. Se evalúa el ejercicio conjunto de expresión de los discentes (oral y escrita) y comprensión de los oyentes. De nuevo se aplicaron los lemas "Todos para uno" y "Uno para todos" en el sentido en que todos debían contribuir en la elaboración de la presentación y después uno de los miembros, elegido al azar, se alzaría como responsable y presentador de la ciudad. Entre todos cuidarían la imagen del trabajo y su contenido escrito, condicionantes para alimentar la complicidad entre todos los miembros del grupo. Asimismo, entre todos también velaban de forma escrupulosa por la calidad de la expresión oral de cada miembro. Esta competencia era corregida, supervisada y evaluada por todos y cada uno de los miembros del grupo preocupados por ser los posibles candidatos para la presentación. Para esta tarea se contemplaba que el alumno fuese capaz de dominar un léxico más amplio y apropiado, relacionado con aspectos locales, temporales y culturales. Asimismo, se valoraba la capacidad de elaborar construcciones sintácticas simples o complejas (de primer grado). Desde el punto de vista procedimental los grupos paralelamente debían desarrollar actitudes como la empatía en tanto que de su claridad expositiva (expresión oral y escrita) tanto en imágenes como en textos dependería que el resto de sus compañeros desarrollasen actitudes como la compresión oral y escrita.

Resultados

Atendiendo a la secuencia de actividades se ofrece una apreciación de los resultados en función de las dos pruebas.

En la prueba de "Competición de mapas" los resultados fueron sumamente más satisfactorios que cuando las pruebas fueron resueltas en otras ocasiones de forma individual y la retención a largo plazo se hizo más notable, constatada por preguntas que se iban haciendo al azar a lo largo del curso. Un breve cuestionario destinado a recoger observaciones sobre la metodología empleada dejaba constancia sobre la importancia y la efectividad que para los estudiantes tiene el juego en dinámica grupal como metodología activa para su aprendizaje. El componente TIC en combinación con las redes sociales suponía un atractivo que los alejaba de la tarea tediosa de los mapas en papel. Especialmente destacaban el espíritu de grupo creado a través de esta tarea, donde la solidaridad, la organización, la corresponsabilidad así como la reducción de factores como el estrés o la vergüenza se habían convertido en ingredientes indispensables de los que no querían prescindir para futuras tareas.

De la segunda tarea se destacan los mismo resultados actitudinales del alumnado en torno a la dinámica grupal y cooperativa, si bien esta vez se pone el énfasis en la evaluación de la competencia oral y de la competencia escrita. De nuevo se recurre a las TICs como recurso de obtención de información y de exposición de sus contenidos. Con tan sólo un guión ofrecido por el profesor que esboce las características y los elementos que la presentación debe contener, los alumnos han de ser capaces de elaborar un material atractivo no sólo para ellos sino para el resto de sus compañeros. Cumplimos en este sentido con los preceptos del aprendizaje crítico natural donde, sin perder de vista los objetivos fundamentales, los alumnos concebirán su producto unido a sus motivaciones, gustos y necesidades.

En resumen, normalmente se había entendido que la preparación de los materiales y de los contenidos de los que iban a ser evaluados dependía del trabajo individual de cada estudiante. Tomando como referencia estas dos tareas que responden a un patrón colaborativo, elaborar el material, bajo la supervisión del docente, del que ellos mismos van a ser evaluados, se concibe como un reto de grupo cuyos éxitos y errores les afecta de forma personal. La evaluación de la propuesta se elabora teniendo en cuenta los resultados obtenidos, la valoración de los alumnos y mi valoración como docente. Este tipo de alternativa a la tradicional ha sido elegida en la mayoría de los casos por aquellos alumnos que vienen de manera regular a clase. Hay que tener en cuenta que la actividad grupal exige la asistencia a clase y este condicionante en el ámbito universitario dificulta la puesta en práctica de este tipo de metodologías. La otra alternativa oficial responde a la evaluación tradicional de perfil individual y a través de exámenes eliminatorios. En la valoración de los alumnos ha quedado patente el alto grado de satisfacción con la experiencia llevada a cabo. Insisten principalmente en lo bien que se han sentido emocionalmente (a excepción de una alumna que prefería trabajar "como lo había hecho siempre" porque así se permitía destacar por encima de todos), evitando ese momento crucial del examen donde se juega todos sus conocimientos. Con respecto a la exposición, el hecho de ser evaluados entre sus iguales hace que la tensión por la posición frontal con la persona que evalúa sea menor. El trabajo previo y distribuido de forma grupal y la sesión de entrenamiento les da más seguridad y confianza. Valoran de forma muy favorable este tipo de trabajo en grupo puesto que se potencia la colaboración y la corresponsabilidad. Desde mi punto de vista como docente he podido comprobar cómo se ha reducido la tensión entre los estudiantes principalmente. Se trata también de un procedimiento que permite evaluar la progresión al tiempo que se ha notado también una alta participación e interés de todos aquellos que realizan la asignatura de una forma presencial. Otro aspecto muy positivo ha sido poder realizar las correcciones en grupo, de tal manera que todos han aprendido de los errores de todos.

Conclusiones y discusión

A través de determinadas experiencias basadas en un trabajo cooperativo entre alumnos que comparten un mismo contexto educativo, se observa que el aspecto social no sólo favorece sino que potencia el aprendizaje significativo. Cabe destacar que del factor social e interpersonal se deriva otro componente, el emocional, un elemento que contribuye a crear una conciencia de grupo dentro en el que se establece una relación de tutoría entre iguales ya que sus integrantes suelen compartir los mismos niveles de conceptualización de la realidad. No obstante, al mismo tiempo la pluralidad de percepciones constituye un elemento enriquecedor para el estudiante que aprende en grupo. Esto ayuda a equilibrar los distintos niveles de conocimientos, destrezas y habilidades de los componentes, favoreciendo especialmente a aquellos cuyo nivel de resolución es menor, al tiempo que reduce aspectos como la vergüenza o la timidez. La resolución de un caso propuesto por el docente se convierte en este sentido en un problema de grupo, hecho que, por un lado, aumenta el sentido de la corresponsabilidad y, por el otro, la tranquilidad de no asumirla por completo. Durante el trabajo colaborativo se produce un acto social en la que el alumno se ve obligado a verbalizar en público pensamientos, tarea que supone una previa conceptualización y organización de sus esquemas mentales. Los rasgos de este nuevo modelo educativo exigen, por un lado, la introducción de nuevas herramientas didácticas como por ejemplo, y entre otras, los mapas interactivos aquí presentados; por otro lado, también requiere definir los nuevos roles de los actantes en el proceso de enseñanza-aprendizaje como el alumno, el profesor y los grupos de alumnos así como las actividades, las evaluaciones, los errores, etc. Los mismos grupos de alumnos y también de forma personal, bajo la tutela del profesor, irán construyendo de forma autónoma sus conocimientos.

El aprendizaje humano entendido como ejercicio social enlaza de alguna forma con las características del cerebro humano y es en este sentido como hemos el cerebro ha sido abordado en esta propuesta como "cerebro social". Sabiendo entender cómo es y cómo funciona nuestro cerebro conseguiremos optimizar el aprendizaje. La aplicación de metodologías colaborativas (de naturaleza social) actuará como estímulo para un entrenamiento y un desarrollo óptimo del aspecto social del cerebro. En resumen, se trata de apostar por un trabajo interdisciplinar entre la neurociencia y la metodología colaborativa aplicada al aprendizaje de lenguas extranjeras para extraer los máximos beneficios.

Este tipo de evaluación requiere un trabajo prolongado en el tiempo, no sólo por parte del alumno sino también por parte del profesor, si se compara con el día del examen oficial donde todo se reduce a un momento en el que se concentra todo el procedimiento y en el que quedan evaluados todos los alumnos. No obstante, los protagonistas del proceso evaluativo siguen apostando por la forma alternativa.

Referencias bibliográficas

Alberca, E. (2017) "Procesos neurocognitivos determinantes del aprendizaje"

Alonso, E. Mapas interactivos http://serbal.pntic.mec.es/ealg0027/mapasflash.htm (última consulta: 13.09.2017)

ANECA: http://www.aneca.es/Documentos-y-publicaciones/Libros-Blancos (12.06.2017)

Bain, K. (2007). *Lo que hacen los mejores profesores universitarios*. Valencia: Publicaciones de la Universidad de Valencia.

Bischoffshausen, P., Cabrera, A., Castañeda, M.T., Garrido, J., Ortega, A. (1999). Aprendizaje Colaborativo Asistido por Computador: La Esencia Interactiva. En Contexto Educativo, Revista Digital de Educación y Nuevas Tecnologías: http://www.contextoeducativo.com.ar/1999/12/nota-8.htm. (última consulta: 18.08.2017)

Consejo de Europa (2001). *Marco Común Europeo de Referencia para las Lenguas: aprendizaje, enseñanza, evaluación*. Recuperado de http://cvc.cervantes.es/obref/marco (última consulta: 15.08.17)

Delgado Fernández, Marianela; Solano González, Arlyne (2009) "Estrategias didácticas creativas en entornos virtuales para el aprendizaje" en Revista Electrónica "Actualidades Investigativas en Educación", vol. 9, núm. 2, mayo-agosto, pp. 1-21 Universidad de Costa Rica San Pedro de Montes de Oca, Costa Rica (última consulta: 01.09.2017)

Finkel, D. (2008). *Dar clase con la boca cerrada*. Valencia: Publicaciones de la Universidad de Valencia.

González, D. y Esteves, L. (2006). "El chat como medio de enseñanza y aprendizaje colaborativo en EFL (English as a Foreign Language): un análisis de conversación" en http://revistas.upel.edu.ve/index.php/paradigma/article/view/3900 (última consulta: 13.06.2017)

Johnson, D.W.; Johnson, R. T. y otros. (1999). *El aprendizaje colaborativo en el aula*. Buenos Aires: Paidos.

Richards, J. y Rodgers, T. (2009). *Enfoques y métodos en la enseñanza de idiomas*. Madrid: Edinumen.

Rodríguez Ruiz, M. y García-Merás, E. (2010) "Las estrategias de aprendizaje y sus particulariades en lenguas extranjeras" en http://rieoei.org/didactica10.htm (última consulta: 01. 09. 2017)

Slavin, R., (2002). *Aprendizaje cooperativo: teoría, investigación y práctica*. Buenos Aires: Editorial Aique

Sotomayor García, G. (2010). "Las redes sociales como entorno de aprendizaje colaborativo mediado para segundas lenguas (L2)." En http://www.espanaaqui.com.br/materiales_exclusivos/materiales/material_157.pdf (última consulta: 02.08.2017)

Trujillo Sáez, F. (2002). "Aprendizaje cooperativo para la enseñanza de la lengua" en http://fernandotrujillo.es/wp-content/uploads/2010/05/cooperacion.pdf (última consulta 02.09.2017)

Vygostky, L.S. (1978) *Pensamiento y Lenguaje*. Buenos Aires: La Pléyade

Zárate, Hilda Z. - Moiraghi de Pérez, Liliana E. (2004) "El grupo en el aprendizaje: ventajas y desventajas de la técnica de la dinámica de grupo." en http://www.unne.edu.ar/unne-vieja/Web/cyt/com2004/1-Sociales/S-039.pdf (última consulta 19.05.2017)

CAPÍTULO VI

EL AUTOAPRENDIZAJE INDUCIDO DEL LÉXICO EN LA L2: ALEMÁN TURÍSTICO

Isabel Mateo-Cubero
Universidad de Sevilla, España

Resumen

El artículo presenta una experiencia llevada a cabo fuera del aula en el marco de la asignatura de Alemán Turístico I del Grado en Turismo en el centro de Estudios Universitarios Superiores de Andalucía. El objetivo principal de dicha experiencia consiste en que los estudiantes adquieran las estrategias metacognitivas necesarias para gestionar de forma eficiente su propio proceso de aprendizaje del léxico. Para lograr el objetivo principal se utiliza el recurso didáctico del portafolio como herramienta de aprendizaje autónomo, lo que implicaba una cada vez mayor autonomía de los estudiantes mediante una práctica regular, consciente, autoevaluadora y reflexiva de las diferentes tareas que conforman el portafolio y que se entregan en fechas concertadas. La mediación del docente se lleva a cabo en escasas y breves sesiones grupales presenciales y en revisiones evaluadoras virtuales e individuales cuyo objetivo es lograr mediante el *feedback* que los estudiantes observen los distintos puntos en que ellos pueden autocorregirse y con qué recursos, sin necesidad de volver a recurrir al docente y con la capacidad de implementar mejoras en las siguientes tareas. El análisis de los datos que facilitan los trabajos realizados por los estudiantes tanto fuera como dentro del aula, permite comprobar que, por un lado, estos estudiantes logran ampliar su léxico en lengua alemana tanto de forma pasiva como activa, así como que son capaces de escribir aplicando las reglas ortográficas correctamente y, por el otro lado, consiguen utilizar, asentar y mejorar conscientemente una serie de recursos metacognitivos, los cuales contribuyen al desarrollo de sus capacidades metacognitivas y a su vez les lleva a conocer mejor su propia forma de aprender, lo que implica además una visión más completa y mejor considerada de la imagen de sí mismos como aprendientes.

Palabras claves

Learning process, self-learning, teaching-method, cognition, metacognition, foreign language.

Introducción

En los últimos años las investigaciones neurocientíficas en torno al funcionamiento del cerebro aprendiente, configuran una novedosa fundamentación científica al concepto de aprendizaje como construcción; ya que desde la neurociencia se postula que el aprendiente construyo su propio conocimiento en la experiencia del aprendizaje. Por lo tanto, experimentar el aprendizaje de forma consciente es esencial para la adquisición de estrategias que fomentan la autonomía del aprendizaje, estrechamente vinculada al concepto de la metacognición.

Es objetivo de este artículo presentar el recurso didáctico del portafolio como herramienta para inducir la autonomía del aprendizaje del léxico de una lengua extranjera, en este caso Alemán Turístico I (cuyo nivel de competencia comunicativa según el Marco Común Europeo de Referencia para las Lenguas correspondería al nivel A1) desde una perspectiva metacognitiva.

El portafolio puede definirse como:

> [...] a purposeful collection of student work that exhibits the student's efforts, progress, and achievements in one or more areas. The collection must include student participation in selecting contents, the criteria for selection, the criteria for judging merit, and evidence of student self-reflection. (Paulson *et al.*, 1991:60).

Es utilizado en el ámbito académico de la Educación Superior como recurso para fomentar la reflexión sobre los procesos de aprendizaje, que resulta tan enriquecedor y necesario para los estudiantes, como para los docentes. El concepto en sí se denomina *práctica reflexiva* (Bräuer, 2016) y mejora la calidad de la enseñanza y el aprendizaje al motivar el diálogo entre docente y discentes, de manera que el docente puede conocer los procesos de aprendizaje de cada individuo e implementar mejoras que puedan serle útiles al grupo completo de clase. Como recurso pedagógico es utilizado con frecuencia en la enseñanza y aprendizaje de las lenguas extranjeras, debido a la infinidad de posibilidades que posee en cuanto a funciones, características y condicionantes, que proporcionan el marco descriptor idóneo para el aprendizaje de la L2 y la reflexión sobre el propio proceso (Ballweg, 2015).

En este artículo ofrecemos una contextualización del concepto de metacognición en el paradigma de enseñanza y aprendizaje de lenguas extranjeras actual: de fundamentación constructivista, orientado a la acción y a la comunicación y dentro del contexto descriptor y unificador que ofrece el Marco Común Europeo de Referencia para las Lenguas. Aportamos nuestra descripción y análisis de una experiencia de inducción al trabajo autónomo utilizando el recurso del portafolio, combinando actividades de trabajo lingüístico-léxico y de trabajo metacognitivo que el aprendiente lleva a cabo para autorregular su proceso de aprendizaje. Y por otro lado, presentamos el rol inductor del docente en cuanto a la aportación de guías de reflexión para el aprendiente, cuyo andamiaje debe retirarse paulatinamente, dejando espacio a la autorregulación del aprendizaje cada vez más autónoma.

1. Metacognición y autonomía en el aprendizaje de L2

El portafolio como herramienta de aprendizaje metacognitivo y autónomo se fundamenta, desde la perspectiva psicopedagógica en las teorías constructivistas del conocimiento y en los resultados aportados por los últimos avances en neurociencias aplicados al funcionamiento del cerebro aprendiente, y desde la perspectiva metodológica y lingüística, en los enfoques comunicativos de enseñanza[9] y aprendizaje de las lenguas extranjeras y en el Marco Común Europeo de Referencia para las Lenguas.

Hay una serie de conceptos fundamentales que conectan estas perspectivas y que conforman la confluencia teórica que sustentan el diseño del portafolio en torno al aprendiente, al aprendizaje y a la tarea.

1.1 Constructivismo y aprendiente activo

Las diferentes teorías del conocimiento muestran la evolución de la Psicología del Aprendizaje, partiendo cada una de ellas, Conductismo, Cognitivismo y Constructivismo, de una interpretación diferente del concepto de aprendizaje. Para el constructivismo, el conocimiento y el aprendizaje no se consideran el fruto inmediato que resulta de una lectura directa de la experiencia, sino el resultado de la actividad mental constructiva mediante la cual el ser humano lee e interpreta la experiencia, basándose en la idea de que "cada individuo construye su propia realidad y por tanto aprende cosas diferentes de maneras muy distintas, incluso cuando se les proporciona experiencias de aprendizaje aparentemente semejantes" (Williams y Burden, 1999: 12). En este sentido, podemos afirmar que la concepción constructivista del aprendizaje respeta la diversidad individual en que cada persona aprende.

Según las teorías constructivistas, el ser humano, ya desde el nacimiento, es activo en la construcción de una comprensión personal del mundo, partiendo de su propia experiencia. Lo que ubica al aprendiz en el centro de su propio aprendizaje, y le confiere un papel absolutamente activo en el proceso (Williams y Burden, 1999: 30). El aprendiz es quien "construye, modifica, enriquece y diversifica sus esquemas de conocimiento" partiendo de los significados que ya conoce y dándoles sentido para poder aprenderlos (Onrubia, 1999: 101).

---

[9] Concretamente: el Enfoque Comunicativo y el Enfoque por Tareas.

1.2 Neurodidáctica: interacción y *lifelong learning*[10]

El foco de estudio de la Neurodidáctica se encuentra en la interpretación y la modificación de las cuestiones que favorecen y dificultan los procesos, estructuras y condiciones de aprendizaje en el contexto de la enseñanza, todo ello desde un punto de vista neurocientífico; esto es, se centra en comprobar cómo trabaja la memoria y cómo recibe, procesa y recupera la información el *cerebro aprendiente*.

Para nuestra experiencia en el aula, necesitamos tener en cuenta, por un lado, la interacción como contexto de comunicación y de aprendizaje a través de los cinco sentidos; y, por otro, el concepto de *fase sensible* frente al concepto de *periodo crítico* en el aprendizaje de lenguas.

Teniendo en cuenta que el aprendizaje es un proceso que va estrechamente ligado a la memoria, y que tanto el aprendizaje como la memoria requieren a su vez de la atención, resulta ésta necesaria para que se generen las conexiones de manera suficientemente fuerte de manera que el aprendizaje sea duradero. Podemos afirmar que la atención requiere de un esfuerzo cognitivo consciente que repercutirá directamente en lo que percibimos, la intención que ponemos en ello y las acciones que acometemos, canalizando toda la información que recibimos a través de los cinco sentidos y desechando la irrelevante. La memoria no se entiende ya como un almacén de datos, sino como una infinidad de asociaciones de conocimientos y experiencias que permite recuperar tanto unos como otras, para aplicar lo que ya se sabe a nuevas situaciones, lo cual genera nuevas asociaciones. Se considera que la memoria está, por tanto, siempre en construcción.

Aprender de esta manera, implica hacerlo mediante acciones comunicativas verbales y no verbales. En el aula de lenguas extranjeras la interacción entre los estudiantes es tan necesaria como estimulante para la motivación del aprendiente, ya que facilita los contextos necesarios. Fomentar la interacción desde la planificación docente proporcionando el espacio necesario y periódico de actividades grupales o en pareja, aportará al alumnado más contacto social y coherencia de grupo, e influirá positivamente en la motivación individual y colectiva.

Ante el rígido concepto de *periodo crítico* de Eric Lenneberg, desde la neurodidáctica se propone otro más flexible: la *fase sensible*. Para el primero los objetivos de aprendizaje deben ser obligatoriamente aprendidos en un etapa concreta del desarrollo cognitivo, asumiendo que, de no llevarse a

---

[10] *Lifelong learning* "means that learning should take place at all stages of life cycle (from the cradle to the grave), and in more recent versions that it should be life-wide; that is embedded in all life contexts from the school to the workplace, the home and the community". (Laal, 2011: 471).

cabo durante ese periodo específico, este hecho puede llevar consigo consecuencias desfavorables para el proceso de aprendizaje. Sin embargo, por fase sensible se entiende un periodo donde la plasticidad del cerebro proporciona determinados recursos que permiten al individuo aprender ciertas cuestiones de manera más fácil y natural, y si por alguna circunstancia no se da el caso, no conlleva que el aprendizaje no se podrá adquirir de otra forma en otro momento de la vida. Es por ello que: "Todo el mundo puede aprenderlo todo a cualquier edad, aunque no del mismo modo" (Della Chiesa y Christoph, 2009: 94) dependiendo de la plasticidad del cerebro (y ésta, por su lado, de la edad y las distintas fases sensibles).

En el ámbito de las lenguas extranjeras, según la competencia, hay claras fases sensibles en el niño que facilitan el aprendizaje de la fonología y la sintaxis. Sin embargo, el léxico, se aprende mejor en la edad adulta (después de la adolescencia), pues se tiene un mejor dominio de la propia lengua, se tienen conocimientos de otras lenguas extranjeras y esto contribuye a una serie de procesos cognitivos relacionados con las estrategias de cognitivas y metacognitivas.

1.3 MCERL: la reflexión como punto de partida

En el ámbito europeo de la enseñanza de lenguas extranjeras ha habido muchos cambios conceptuales y procedimentales desde que se publicara en 2001 el Marco Común Europeo de Referencia para las Lenguas.

Desde el Consejo de Europa, buscando mejorar la calidad de la comunicación entre hablantes de distintas lenguas y nativos de distintas culturas, y con ello también la movilidad y la colaboración, se quiere fomentar la ciudadanía democrática. Para ello es necesario que los aprendices, ya sean jóvenes o adultos, desarrollen "las actitudes, los conocimientos y las destrezas necesarias para llegar a ser más independientes a la hora de pensar y actuar y, a la vez, más responsables y participativos en relación con otras personas" (Consejo de Europa, 2002: XII).

El MCERL ha sido elaborado principalmente con dos finalidades. Por un lado, favorecer la comunicación entre los profesionales y, de este modo, posibilitar a los alumnos conocer de forma clara y transparente qué objetivos deben lograr y cómo alcanzarlos. Por otro lado, provocar la reflexión en todos los posibles usuarios, partiendo de una serie de cuestiones necesarias que nos llevan a buscar respuestas que pueden repercutir positivamente en el proceso de aprendizaje:

> "¿Qué hacemos realmente cuando hablamos unos con otros o nos escribimos? ¿Qué nos capacita para actuar de esta manera? ¿Cuáles de estas capacidades tenemos que aprender cuando intentamos utilizar una lengua nueva? ¿Cómo establecemos nuestros objetivos y evaluamos nuestro progreso en el camino que nos lleva de la total ignorancia al dominio eficaz de una lengua? ¿Cómo se realiza el aprendizaje de una lengua? ¿Qué

podemos hacer para ayudarnos a nosotros mismos y ayudar a otras personas a aprender mejor una lengua?" (Consejo de Europa, 2002: XI).

Este punto de partida implica directamente la participación activa de todos los agentes en el proceso de enseñanza y aprendizaje de lenguas, poniendo a disposición una guía para la reflexión sobre nuestros objetivos de comunicación, capacidades y estrategias de aprendizaje y la posibilidad de visualizar mediante este trabajo reflexivo, nuestras fortalezas y debilidades, lo que nos permitirá trabajar en las mismas para hacer de nuestra enseñanza y aprendizaje procesos más eficaces.

1.4 La tarea como contexto de interacción y aprendizaje

Tanto el Enfoque Comunicativo como el Enfoque por Tareas tienen como objetivo la competencia comunicativa, que incluye no sólo lo relativo a las competencias lingüísticas (gramática, léxico, fonética, etc.), sino las competencias pragmáticas del uso de la lengua (hablada y escrita) y la competencia sociolingüística, que implica las cuestiones culturales de una lengua, así como la conciencia de las capacidades metacognitivas del alumno y su progresiva autonomía en el proceso de aprendizaje. Todo ello fomentando de igual modo las cuatro destrezas lingüísticas y promoviendo el aprendizaje reflexivo que aporta al alumno una capacidad crítica consigo mismo y con la sociedad en la que vive.

La Enseñanza Comunicativa se fundamenta en el uso de tareas como unidad básica para la planificación de la enseñanza de lenguas extranjeras. Entendiendo por tarea una actividad que se ejecuta utilizando el idioma, que tiene semejanza con la vida real, realizada por los alumnos y mediante la cual deben manipular, comprender, transmitir, etc. información y, por tanto, implica una necesaria interacción. La tarea no implica un resultado determinado, es el contexto planteado para que el estudiante pueda poner en práctica determinados conocimientos y destrezas, adquiridos o en proceso de adquisición, y pueda autocorregirse y mejorar mediante la realización de las tareas.

La enseñanza comunicativa da mayor importancia al proceso que al resultado. Desde estos enfoques se persigue el aprendizaje significativo de la lengua y la aplicación de las estrategias, recursos y procesos cognitivos del aprendiz, los cuales pone en marcha basándose en sus conocimientos y experiencia previos.

1.5 Estrategias metacognitivas para el fomento de la autonomía

Aunque el término autoaprendizaje viene de "autodidacta" (que aprende sin instructor), el concepto implica también el rol del docente, que es clave a la hora de acompañar al aprendiente en el viaje de su autoconocimiento cognitivo, pues de manera transversal debe proporcionar al discente la ayuda necesaria para que consiga paulatinamente autorregular sus procesos cognitivos. Este tipo de conocimiento sobre sí mismo será fundamental a lo largo de toda su vida, ya que estamos constantemente expuestos a nuevos aprendizajes. El docente que pretende fomentar el pensamiento crítico en sus estudiantes, los iniciará en el camino de la metacognición, es decir, de *saber aprender*, lo que les proporcionará la base fundamental que requiere un aprendizaje autónomo y autorregulado, aplicable a lo largo de toda la vida de una persona, y no exclusivamente a su etapa de formación reglada:

> "La creación de una cultura estratégica en el salón de clase, basada en el aprendizaje de las estrategias cognitivas y metacognitivas, permite a los estudiantes no sólo apropiarse de una manera significativa de los contenidos escolares, sino adquirir la habilidad de gestionarlos autónomamente y dirigir el propio proceso de aprendizaje de una mera eficiente" (Klimenko, 2009: 14).

Por tanto, la adquisición de conocimiento de forma consciente, teniendo en cuenta los recursos de los que uno dispone, así como de cómo mejorarlos, permite al aprendiente autorregular su proceso, lo que, por un lado le da autonomía, y por el otro le incentiva la motivación desde su interior.

> "[...] se hace cada vez más necesario que niños, adolescentes y jóvenes mejoren sus potencialidades a través del sistema educativo formal aprendiendo a aprender y aprendiendo a pensar, de manera tal que, junto con construir un aprendizaje de mejor calidad, éste trascienda más allá de las aulas y les permita resolver situaciones cotidianas; en otras palabras, se trata de lograr que los estudiantes sean capaces de autodirigir su aprendizaje y transferirlo a otros ámbitos de su vida" (Osses Bustingorry y Jaramillo Mora, 2008: 188).

En este sentido, podemos afirmar que un aprendiente que es consciente de que dispone de una serie de recursos y estrategias de aprendizaje, los cuales ha aprendido a utilizar de forma premeditada, es así mismo, capaz de reflexionar sobre su propio proceso de aprendizaje y controlar cómo y cuándo poner en marcha las estrategias o los recursos que son necesarios para resolver una situación, partiendo de su conocimiento y su pensamiento crítico.

La metacognición favorece, por tanto, la autonomía del aprendiente en su proceso de aprendizaje, le permite autorregular su proceso utilizando las estrategias y los recursos concretos que sabe que necesita. Lo que nos conduce a uno de los objetivos que debemos perseguir como docentes: enseñar a nuestros alumnos a aprender.

2. Perfil discente y objetivos de la experiencia

2.1 Alemán Turístico en el Grado en Turismo

Esta experiencia se implementa en el Grado en Turismo, con un grupo pequeño de estudiantes de un centro universitario privado. Es obligatorio para los estudiantes cursar una segunda lengua extranjera durante los estudios y pueden elegir entre francés y alemán. La asignatura de Alemán Turístico I es obligatoria e implica la matrícula posterior de Alemán Turístico II. Se trata de asignaturas cuatrimestrales que tienen lugar en el segundo cuatrimestre del segundo curso y el primer cuatrimestre del tercer curso respectivamente.

2.2 Los estudiantes

Tras la experiencia docente de varios años, comprobamos que los estudiantes universitarios que empiezan con la lengua alemana en la Educación Superior pueden sentir un cierto estrés al conocer determinadas características de la lengua, como que cuenta con tres géneros para los sustantivos y que existen declinaciones. En las primeras sesiones, cuando se trabajan las distintas posibilidades que existen para formar el plural de los sustantivos y experimentan que deducir el significado de las palabras sin ayuda del diccionario no es tan sencillo como en las lenguas romances, esa sensación de estrés ante el léxico crece. Normalmente poseen muy buenos conocimientos de inglés, que es la primera lengua extranjera, también de carácter obligatorio; sin embargo, por regla general no están muy familiarizados con conceptos lingüísticos de morfología, sintaxis, semántica, etc.

Los estudiantes expresan su deseo de poder comunicarse desde el primer de clase, tanto por escrito como oralmente. Es por ello que el trabajo en el aula y fuera de ella con el léxico resulta fundamental desde los inicios con la lengua alemana: "[...]"learners carry around dictionaries and not grammar books" (Schmitt, 2010: 4).

2.3 Objetivos

Con el diseño y la propuesta de las diferentes tareas que configuran el portafolio de inducción al trabajo autónomo con el léxico, se pretende fomentar el uso de estrategias de aprendizaje metacognitivas mediante la toma de responsabilidad, la práctica consciente y la reflexión sobre los procesos y recursos de aprendizaje por parte del aprendiente.

Por otro lado y específicamente, resulta imprescindible inducir a la autonomía del aprendiente a la hora de enfrentarse al aprendizaje del léxico de alemán turístico en concreto, para poder aplicar los conocimientos a situaciones comunicativas del futuro (y/o presente) ámbito profesional de los estudiantes. La importancia del aprendizaje del léxico en las lenguas extranjeras es, según Alfaki (2015: 1), fundamental no sólo para entender a los demás, sino para expresar las propias ideas.

El trabajo con el léxico pretende proporcionar a los estudiantes una experiencia enriquecedora desde la perspectiva lingüística y desde la metacognitiva, de manera que puedan poner en marcha y mejorar conscientemente recursos y estrategias que les permitan hacer de su proceso de aprendizaje un proceso autorregulado y controlado más allá de la asignatura cursada. Debemos tener en cuenta que este tipo de trabajo es una parte que puede suponer el 30% del tiempo que los estudiantes le dedican a la asignatura fuera del aula. Tanto el trabajo del aula como el resto del tiempo que resta de dedicación al curso, se centra absolutamente en las cuatro destrezas básicas de comprensión lectora y auditiva y expresión oral y escrita.

3 Metodología

3.1 Andamiaje que desaparece paulatinamente

Este modelo de portafolio se centra pues en plantear tareas que cumplan el objetivo lingüístico, el metacognitivo o ambos a la vez y hace énfasis en cuestiones concretas para lograr determinados objetivos de autonomía y autorregulación del aprendiente de forma paulatina, de manera que el andamiaje metacognitivo por parte del docente va retirándose también a un ritmo coherente con el proceso y la evolución del estudiante.

El aprendiente recibe las instrucciones siempre tarea por tarea y mediante la plataforma de enseñanza virtual, nuestro medio de comunicación, de manera que el estudiante utiliza el tiempo fuera del aula para leer, comprender, planificarse, realizar y reflexionar sobre la tarea, e incluso, para resolver las dudas que puedan surgir utilizando los recursos que estime oportunos. El estudiante cuenta con tiempo suficiente para leer las instrucciones, que siempre vienen expuestas y de manera clara, especificando el objetivo de la tarea, qué medios tecnológicos le serán necesarios, qué estrategias y técnicas pueden serle útiles, cuánto tiempo necesita aproximadamente para realizar la tarea, los parámetros de la evaluación del docente y los necesarios para llevar a cabo la autoevaluación y, por último, una actividad de reflexión inducida. Resulta esencial, además, que ofrezcamos a los estudiantes la posibilidad de consultar la descripción de las tareas cada vez que les sea necesario: en qué consiste la tarea, cuál es el objetivo de la misma, los contenidos que son necesarios, las herramientas de autoevaluación y cómo va a ser evaluado posteriormente por el docente. La transparencia en todos estos parámetros es fundamental para generar la confianza en la propia capacidad autónoma a la hora de realizar las distintas actividades.

3.2 El papel de la lengua materna

El portafolio se trabaja en las dos lenguas, la lengua materna y la lengua alemana, dependiendo del tipo de actividad. La descripción de la actividad se facilita en español, para que la comprensión y la búsqueda de vocabulario no representen un obstáculo desmotivador desde el primer momento. Esto se considera parte del andamiaje docente y metacognitivo, ya que de forma paulatina empezará a utilizarse también el alemán, pero siempre y cuando no suponga un esfuerzo extraordinario el simple hecho de entender un enunciado, los objetivos, etc. Vamos a focalizar los esfuerzos en las tareas en sí, y no en lo descriptivo, organizativo y reflexivo de la tarea. Las actividades de autoevaluación y de reflexión o deconstrucción se realizan también en la lengua materna, ya que estas acciones requieren de un dominio de la lengua en que uno va a expresarse y de una serie de recursos necesarios para llevarlas a cabo al nivel de abstracción que se requiere para que el aprendiente pueda alcanzar los objetivos de forma óptima y eficientemente.

3.3 Fases de trabajo

La metodología utilizada con el grupo de clase tiene diferentes fases diferenciadas por el tipo de actividad a llevar a cabo y si es de carácter presencial (en clase y en grupo) o individual (autónoma y fuera del aula): fase inicial grupal en clase de intercambio de información, reflexión y toma de responsabilidad tanto por parte de los discentes como del docente, seguida de las fases de trabajo del aprendiente (intercalando actividades de índole lingüística y otras de índole metacognitiva), fases de evaluación docente posteriores a las entregas, y una última sesión plenaria con la entrega final del portafolio completo y el intercambio de experiencias y reflexiones tras la elaboración del mismo.

- Fase de calentamiento: léxico y responsabilidad

Ya en esta primera sesión, se lleva a cabo un trabajo previo de reflexión inducida: Se envía una guía a los estudiantes via plataforma virtual con el objetivo de que lleven a cabo una reflexión sobre el papel del léxico en las lenguas extranjeras y su aprendizaje, que realizan primero a nivel individual y por escrito antes de la sesión plenaria, y posteriormente de forma colectiva en el aula para poner en común las experiencias previas en cuestiones de aprendizaje del léxico. De esta manera el docente activa en cierta manera en los discentes la conciencia sobre los posibles recursos a utilizar en adelante y, al mismo tiempo, puede conocer los prejuicios que los aprendientes traen consigo, lo que facilita la creación de tareas concretas cuyo objetivo sea poner en duda esos prejuicios[11] (Veáse tabla 1). Se comparten con el resto de la clase las diferentes técnicas y estrategias que podemos utilizar para aprender vocabulario de una manera eficiente. Y, por otro lado, se conocen las experiencias de los compañeros y del propio docente, lo que

---

[11] Por ejemplo, es muy frecuente que los aprendientes piensen que para cada vocablo en una lengua hay un correspondiente en la otra, que la mayoría de los géneros pueden coincidir, etc. *Cfr.* Wilkins, 1972.

no sólo lleva a plantearse nuevas estrategias de aprendizaje, sino a cohesionar mejor al grupo de clase, incluyendo al docente como un miembro más acortando las distancias y generando hilos afectivos.

<table>
<tr><td align="center">Hablemos de léxico:</td></tr>
<tr><td>

- ¿Cómo de importante resulta para ti el dominio de vocabulario a la hora de comunicarte?
- ¿Cómo se ha enfocado el aprendizaje del léxico en el aula en otras asignaturas de L2?
- ¿Qué técnicas has utilizado? ¿Cuáles de éstas te han resultado más fructíferas y cuáles menos? ¿Por qué crees que han sido unas más y otras menos eficaces?
- ¿Qué recursos utilizas normalmente para saber qué significa una palabra que desconoces?
- ¿Qué estrategias has conocido a través del docente o de los compañeros de clase?
- ¿Piensas que hay una edad en que resulta más fácil adquirir el vocabulario de una L2?
- ¿Cuál es tu forma ideal de aprender vocabulario?

</td></tr>
</table>

Tabla 1: Guía de inducción a la reflexión sobre el aprendizaje del léxico

La toma de responsabilidad en cuanto al control consciente del propio proceso de aprendizaje por parte del alumno viene de la mano de dos documentos fundamentales para el portafolio que el docente facilita mediante la plataforma virtual. En el primero, un *contrato*, se especifican las responsabilidades de cada uno de los actantes del proceso, docente y discente. Si el estudiante está de acuerdo con la descripción de responsabilidades, debe presentar el documento debidamente cumplimentado en el plazo establecido. Es así, como el docente puede comprobar quién está dispuesto a llevar a cabo las tareas y obtener los beneficios directos de su trabajo, y quien no, si se da el caso. (Véase tabla 2). El segundo documento al que hemos hecho referencia es una relación sucinta de las distintas tareas y técnicas que se utilizarán para completar el trabajo del portafolio, lo que permite al estudiante hacerse una idea global de lo que implica su asunción de responsabilidad.

Acepto las siguientes responsabilidades:

- Me comprometo a realizar las tareas dedicándole atención plena y no mecánicamente.
- Me comprometo a realizar las entregas en las fechas concertadas.
- Me comprometo a revisar las marcas del docente y corregir lo que sea necesario, para que la información recogida en mi material sea coherente.
- Me comprometo a realizar las tareas con todas las actividades sugeridas por el docente.
- Me comprometo a sugerir cambios en las actividades si creo que pueden proporcionar una mejora en mi trabajo y/o en el del grupo de clase.
- Me comprometo a no tener miedo a equivocarme.
- Me comprometo a ser sincera/o en las actividades de reflexión.
- Me comprometo a buscar y experimentar los recursos, las estrategias y las técnicas que hagan de mi aprendizaje una experiencia positiva y enriquecedora.
- Me comprometo a valorar el trabajo del docente y a no entregar las tareas "de cualquier manera".
- Me comprometo a hacer de mis tareas del portafolio mi material de estudio de referencia, buscando hacerlo lo mejor posible.
- Me comprometo a no compararme con los demás y a no tener prejuicios conmigo misma/o.
- Me comprometo a compartir con los demás mis experiencias de aprendizaje con el léxico, tanto las que me han resultado positivas como las negativas.

Tabla 2: Responsabilidades del aprendiente

- Fase de acción: léxico y estrategias

La fase de acción contempla diferentes etapas, que como hemos mencionado anteriormente, intercala tarea del alumno con revisión y entrega de *feedback* por parte del docente.

El trabajo se organiza por unidades didácticas y presenta siempre una estructura similar entre las mismas, planteando una selección de las distintas técnicas que se nombraron en la sesión inicial de reflexión sobre recursos ya utilizados para aprender vocabulario en otras lenguas extranjeras. Como la propuesta se hace partiendo de esa base que los aprendientes reconocen como sus propias técnicas y las de sus compañeros de clase, puede resultar motivador, ya que su propia experiencia ha sido tenida en cuenta para configurar la macrotarea de léxico.

Esta fase se comprende pues de cinco tareas de trabajo de léxico y cada una de ellas puede realizarse trabajando aproximadamente una hora a la semana durante tres semanas (que es más o menos la duración que suele conllevar el trabajo con cada unidad didáctica).

A medida que vamos avanzando en el curso, las tareas se hacen relativamente más complejas y requieren también de un mayor conocimiento de cuestiones lingüísticas y de cierto grado de abstracción. (Véase tabla 3).

Tareas de léxico:	
U.1	Desarrollar un listado de palabras tipo glosario según el orden de aparición de las mismas en el material usado en clase.
	Desarrollar un listado de palabras ordenado alfabéticamente.
U.2	Desarrollar un documento con palabras, que esté ordenado según tipo de palabras.
U.3	Desarrollar un documento con palabras organizado por campos semánticos.
U.4	Desarrollar un documento con palabras organizado con mapas conceptuales.
U.5	

Tabla 3: Relación sucinta de las tareas según la unidad didáctica

Veremos ahora las distintas partes que conforman cada una de las tareas, tomando ejemplos de distintas unidades didácticas para ofrecer una panorámica general del concepto sin llegar a exponer cada detalle de todas las actividades.

Cada tarea tiene a su vez tres fases de trabajo: la de comprensión, la de realización y la de reflexión (tanto sobre el proceso como del resultado).

Para la *fase de comprensión* el docente facilita a los alumnos, vía plataforma virtual, la descripción detallada de la tarea, de esta manera el estudiante va acercándose también a conceptos relacionados con la didáctica y el aprendizaje. La descripción de la tarea se presenta reflejando los objetivos de la misma, los contenidos, sugerencias para la metodología, los parámetros de evaluación y los recursos, estrategias y capacidades que necesitarán activar para llevarla a cabo.

<table>
<tr><td colspan="2" align="center">Descripción de la tarea</td></tr>
<tr><td>Objetivos:</td><td>Desarrollar un listado de palabras tipo glosario según el orden de aparición de las mismas en el material usado en clase.
Organizar el listado de forma práctica para su consulta.
Observar las reglas ortográficas para producir un listado correcto.
Observar si es un método eficiente para mí.</td></tr>
<tr><td>Contenidos:</td><td>El vocabulario que aparece en todos los materiales utilizados para trabajar la unidad didáctica 1 (saludos, despedidas, países, lenguas, etc.).</td></tr>
<tr><td>Metodología:</td><td>Este listado puede realizarse a mano o a ordenador.
Se sugiere el uso del diccionario online pons.de para verificar significados y ortografía de la palabra.
Es recomendable ir realizando el listado regularmente, en varias sesiones de trabajo.
El listado puede enriquecerse con imágenes, comentarios, o cualquier cosa que consideres que puede venirle bien para hacerlo más eficiente.</td></tr>
<tr><td>Evaluación:</td><td>Se valora:
1.- Que cumpla los tres objetivos.
2.- Que el corpus léxico sea lo suficiente amplio, sin llegar a ser excesivo en los detalles.
3.- Que se observen las normas ortográficas.
4.- Que se utilice la propia creatividad para implementar mejoras.</td></tr>
<tr><td>Recursos, estrategias y capacidades:</td><td>Se requiere de capacidad de selección, de búsqueda y de gestión de la información.
Se requiere de capacidad de planificación, organización y gestión del tiempo.
Se requiere de capacidad de reflexión y autocrítica.</td></tr>
</table>

Tabla 4: Descripción de la tarea correspondiente a la unidad didáctica 1

Los estudiantes reciben la descripción de la tarea con tiempo suficiente para poder leerla, pensar sobre ella, iniciarla en caso de que así lo deseen y de plantear las dudas que les surjan, bien en la siguiente sesión presencial de clase, bien mediante correo electrónico o a través del foro que hay en la plataforma virtual. Así mismo, se plantean las dudas que surgen durante la fase de realización.

La *fase de realización* corresponde en gran medida al trabajo más lingüístico de la tarea global y cada estudiante la lleva a cabo de la forma más autónoma posible, consultando la descripción de la tarea y el documento que se facilita para la tercera y última fase: la autoevaluación.

No puede empezarse con la *fase de reflexión* hasta que no se ha finalizado completamente la anterior, ya que es necesario haber realizado la tarea lingüística para obtener un resultado para evaluarlo. Pero el estudiante no se autoevalúa exclusivamente según el resultado, sino que debe autoevaluar también cómo ha sido su proceso de trabajo. Para ello, se le facilita una guía de inducción a la reflexión. (Véase tabla 5).

Reflexión y autoevaluación:	
Objetivos	He desarrollado un documento con el vocabulario de la unidad didáctica ordenando según tipos de palabras.
	El documento resultado está confeccionado de manera que la consulta del mismo resulta cómoda y práctica.
	Las palabras están escritas correctamente, y los sustantivos van acompañados de su artículo y de su forma del plural.
	Sé diferenciar los tipos de palabras.
	Esta técnica de trabajo con el léxico es/ no es óptima para mí, porque…
Contenido	Aparece todo el vocabulario básico y específico que necesito para desenvolverme en situaciones comunicativas trabajadas durante la unidad didáctica.
Metodología	He realizado el documento digital/manualmente porque…
	Dentro de los grupos por tipos de palabras, las he ordenado según…
	Cuando he necesitado comprobar un significado u otras cuestiones ortográficas o morfológicas de una palabra he consultado…
	Frecuencia: siempre /a veces/ rara vez / nunca
	He recurrido a otros recursos para personalizar y mejorar el resultado con….
Estrategias	He seleccionado la cantidad adecuada de vocabulario.
	He buscado y gestionado la información necesaria.
	He previsualizado la tarea y me he planificado y organizado para realizar la tarea con una gestión del tiempo óptima.
	Durante el proceso he dedicado periodos a comprobar que iba cumpliendo los pasos establecidos en mi propia organización.
	Durante el proceso he implementado mejoras fruto de la reflexión.
	He implementado mejoras en relación a mis tareas de unidades didácticas anteriores.

Tabla 5: Guía para la reflexión y autoevaluación correspondiente a la unidad didáctica 3

Esta guía está redactada en primera persona y organizada según los distintos parámetros que aparecen en la descripción de la tarea en la fase de compresión, salvo el apartado de la evaluación, al considerarse la tarea en sí una amplia autoevaluación. Los estudiantes marcan de forma afirmativa/negativa, según corresponda, los diferentes valores o completan con los términos oportunos.

- Fase de reflexión metacognitiva: reflexión

Esta es la fase final y tiene lugar en el aula, tras la entrega de todas las tareas. En este caso, de nuevo se proporciona a los estudiantes una guía de reflexión más centrada en lo metacognitivo del proceso y del resultado y completamente abierta en las respuestas. Como en el resto de las tareas, en esta también se pretende que os estudiantes hagan un trabajo reflexivo previo e individual en solitario, y que, posteriormente, en la sesión de clase se cree un diálogo en torno a las experiencias de aprendizaje que se han producido dentro y fuera del aula y cómo ha repercutido el trabajo autónomo en el del aula y viceversa. Esta guía se basa en las responsabilidades asumidas por los estudiantes a principios del curso y en los valores presentados en las diferentes autoevaluaciones. (Véase tabla 6).

Qué y cómo aprendo:

- ¿Consideras que eres capaz de elegir la técnica más eficiente para trabajar el vocabulario? ¿Cuál? ¿Por qué?
- ¿Cuál de las técnicas utilizadas te ha resultado menos efectiva? ¿Por qué?
- ¿Te planteas seguir utilizando alguna de estas técnicas para trabajar el vocabulario en futuros cursos de L2?
- ¿Consideras que has sido sincera/o y autocrítica/o en las autoevaluaciones? ¿Qué conclusiones has sacado de este trabajo reflexivo?
- ¿Cómo valoras el resultado final de tu trabajo y de todo el proceso?
- ¿Crees que el resultado final es exclusivamente el portafolio? ¿Qué es, si no?
- ¿Consideras que has realizado las tareas de la mejor manera posible? ¿Podrías mejorar algunas cuestiones? ¿Cuáles?
- ¿Hay algo, en todo el proceso y resultado incluido, de lo que te sientas muy orgullosa/0? ¿De qué?
- ¿Has aprendido algo a lo largo de todo el proceso que puedas aplicar a otras asignaturas? ¿Y a otras facetas de tu vida? ¿Qué?

Tabla 6: Guía para la reflexión metacognitiva

3.4 Evaluación

Resulta mucho más fácil, por lo objetivo de los parámetros, evaluar tanto el resultado final como las diferentes entregas que los estudiantes realizan del trabajo exclusivamente lingüístico del portafolio. Pero lo interesante es valorar la evolución y la implicación de los estudiantes, tanto en lo formalmente lingüístico del aprendizaje y la adquisición del léxico, como en lo estrictamente metacognitivo.

4 Conclusiones

Los portafolios de los estudiantes proporcionan una serie de datos en relación al léxico y al trabajo metacognitivo realizado durante el curso. Por ejemplo, podemos observar en el aula, como los estudiantes se muestran más seguros a la hora de elegir el género de los sustantivos, aunque no siempre sea el correcto; a pesar de esto, ello puede implicar que, gracias a su trabajo periódico y regular con el vocabulario, se sienten seguros de sí mismos en este aspecto. Por otro lado, en comparación con otros grupos anteriores que no fueron expuestos a esta experiencia del portafolio de inducción a la autonomía para el aprendizaje del léxico, su control del vocabulario de la lengua alemana tanto de forma pasiva como activa es mayor y, por otro lado, son capaces de escribir aplicando las reglas ortográficas correctamente.

Desde el punto de vista metacognitivo, los estudiantes han conseguido utilizar, asentar y mejorar conscientemente una serie de recursos metacognitivos, los cuales contribuyen al desarrollo de sus capacidades metacognitivas y a su vez les lleva a conocer mejor su propia forma de aprender, lo que les proporciona además una visión más completa y mejor considerada de la imagen de sí mismos como aprendientes. El trabajo con el portafolio se convierte en una motivación para la planificación, de manera que los estudiantes aprenden a trabajar con regularidad y a controlar su procrastinación. Por otro lado, la identidad de grupo se ve reforzada en las sesiones plenarias, donde los estudiantes comparten sus estrategias de organización del trabajo y del tiempo. Añadimos que los estudiantes son conscientes de que el trabajo realizado ha sido útil y provechoso, práctico lo cual les motiva a seguir utilizando o mejorando con adaptaciones personalizadas sus recursos y estrategias.

Resumiendo, el resultado de su trabajo supone para ellos una fuente de material para el estudio o el repaso y una fuente de consulta en caso necesario. El portafolio en sí es el reflejo del trabajo de todo el curso y de la evolución del estudiante.

Podemos concluir, además, que en la sociedad actual en la que tenemos a disposición tanta información en cuestión de segundos, la educación debe reflejar las necesidades reales a las que se enfrentarán los alumnos: no se trata de almacenar conocimiento en la memoria y recitarlo sin más, sino que el alumno debe aprender a buscar la información precisada, a seleccionar la que realmente es de su interés y gestionarla, de manera que sea capaz de relacionarla con los conocimientos que ya posee e integrarla con ellos. Para ello es necesario que sea consciente de cuáles son las estrategias y los recursos de que dispone y cuándo y cómo implementarlos, es decir, tiene que conocerse en relación a cómo aprende, ser capaz de analizarlo y sacar las conclusiones que le permitan mejorar su proceso de aprendizaje.

Referencias bibliográficas

ALFAKI, I.M. (2015) Vocabulary Input in English Language Teaching: Assessing the Vocabulary Load in Spine Fine. *International Journal of English Language and Linguistics Research*, 3, 1, 1-14. http://www.eajournals.org/wp-content/uploads/Vocabulary-Input-in-English-Language-Teaching-Assessing-the-Vocabulary-Load-in-Spine-Five.pdf [Recuperado 29/06/17]

Ballweg, S. (2015). *Portfolioarbeit im Fremdsprachenunterricht. Eine empirische Studie zu Schreibportfolios im DaF-Unterricht.* Tübingen: Narr Verlag.

Bräuer, G. (2014). *Das Portfolio als Reflexionsmedium für Lehrende und Studierende.* Regensburg: Verlag Barbara Budrich.

Consejo de Europa (2002). Marco Común Europeo de Referencia para las Lenguas: Aprendizaje, Enseñanza, Evaluación. Madrid: MECD-Anaya.

Della Chiesa, B. y Christoph, V. (2009). Neurociencia y docentes: Crónica de un encuentro. *Cuadernos de Pedagogía*, 389, 92-96. Recuperado de https://ddd.uab.cat/pub/artpub/2009/163957/cuaped_a2009m1n386p92.pdf [Recuperado 11/12/2016]

Klimenko, O. y Alvares, J.L. (2009). Aprender cómo aprendo: la enseñanza de las estrategias metacognitivas. *Educación y Educadores*, 12, 2, 11-28.Recuperado de http://www.redalyc.org/pdf/834/83412219002.pdf [Recuperado 12/01/2017]

Laal, M. (2011). Lifelong learning: What does it mean? *Procedia - Social and Behavioral Sciences*, 28, 470 − 474. Recuperado de http://www.sciencedirect.com/science/article/pii/S1877042811025298 [Recuperado 05/05/2017]

Onrubia, J. (1999). Enseñar: crear zonas de desarrollo próximo e intervenor en ellas. En Coll, C., Martín, E., Mauri, T., Miras, M., Onrubia, J., Solé, I. y Zabala, A. (Eds.). *El constructivismo en el aula* (pp. 101-124). Barcelona: Editorial Graó.

Osses Bustingorry, S. y Jaramillo Mora, S. (2008). Metacognición: un camino para aprender a aprender. *Estudios Pedagógicos*, XXXIV, 1, 187-197. Recuperado de http://www.scielo.cl/pdf/estped/v34n1/art11.pdf [Recuperado 16/01/17]

Paulson, F.L., Paulson, P.R., Meyer, C.A. (1991). What makes a portfolio a portfolio? Eight thoughtful guidelines will help educators encourage self-directed learning. *Educational Leadership*, 48, 5, 60-63. Recuperado de http://www.ascd.org/ASCD/pdf/journals/ed_lead/el_199102_paulson.pdf [Recuperado 30/04/2017]

Schmitt, N. (2010). Researching Vocabulary. A vocabulary research manual. Recuperado de http://docplayer.net/26814115-Researching-vocabulary.html [Recuperado 05/02/17]

Wilkins, D.A. (1972). *Linguistics in Language Teaching*. Londres: Edward Arnold.

Williams, M. y Burden, R. L. (1999). Psicología para profesores de idiomas. Enfoque del constructivismo social. Madrid: Editorial Edinumen.

OCDE (2000). *Methodology for Case Studies of Organizational Change.* Recuperado de http://bert.eds.udel.edu/oecd/cases/CASES11.html [Recuperado 27/01/2016].

CAPÍTULO VII

ASPECTOS COGNITIVOS EN EL PROCESO DE ENSEÑANZA: HACIA LA PEDAGOGÍA COGNITIVA Y EMOCIONAL

Dra. Fátima Romera Hiniesta
Asesora pedagógica en IES Las Aceñas
(Ayuntamiento de Alcolea del Río), España.

Resumen

El avance de la neurociencia y su relación con la enseñanza y el aprendizaje aportan un conocimiento del cerebro y su funcionamiento que nos conduce a un paradigma en el que el rol docente adquiere dimensiones nuevas y en el que se manifiesta la necesidad de replantear la práctica docente.

Los avances en neurociencia cognitiva permiten al docente conocer las particularidades del sistema nervioso y el funcionamiento cerebral durante el proceso de aprendizaje y relacionar este conocimiento con el comportamiento de sus alumnos, su propuesta de aprendizaje, su actitud, el ambiente del aula, entre otros factores. En relación a lo que se plantea en el simposio sobre recursos didácticos y metodológicos y considerando la importancia de los aspectos neurocognitivos implicados se hace patente la necesidad de esbozar un nuevo perfil de docente.

La ponencia trata de establecer las bases para ese nuevo perfil de docente del siglo XXI que responda a un nuevo paradigma y que considere no solo contenidos y estrategias docentes sino también aspectos neurodidácticos derivados de la investigación neurocognitiva aplicada a la enseñanza.

Se presentará un análisis contrastivo que establezca las diferencias en la gestión con respecto al docente tradicional en cuanto a diseño de recursos metodológicos e interacción en el aula.

Palabras claves

Docencia, proceso de aprendizaje, perfil docente, formación de profesorado, paradigma docente.

Summary

The advance of neuroscience and its relationship with teaching and learning provide a knowledge of the brain and its functioning that leads to a paradigm in which the role of teachers takes on new dimensions and in which the need to rethink the teaching practice .

Advances in cognitive neuroscience allow the teacher to know the particularities of the nervous system and brain functioning during the learning process and relate this knowledge to the behavior of their students, their learning proposal, their attitude, the classroom environment, among other factors . In relation to what is presented at the symposium on didactic and methodological resources and considering the importance of the neurocognitive aspects involved, it becomes clear the need to outline a new profile of teachers.

The paper tries to establish the bases for that new profile of teacher of the XXI century that responds to a new paradigm and that considers not only contents and teaching strategies but also neurodidactic aspects derived from the neurocognitive investigation applied to the teaching.

A contrastive analysis will be presented that establishes the differences in the management with respect to the traditional teacher in terms of the design of methodological resources and interaction in the classroom.

Keywords

Teaching, learning process, teaching profile, teacher training, teaching paradigm.

Introducción

El nuevo modelo de sociedad requiere un modelo de profesor y alumno que se adapte a sus características.

La sociedad del conocimiento, de la revolución tecnológica, de las redes sociales....no puede mantener un modelo docente aislado de esta realidad.

Las escuelas de hoy en día, deben reflejar en sus aulas un modelo de la sociedad a la que los jóvenes se van a enfrentar cuando salgan de ella. Unos modelos de manejo de información y conocimiento como los que ellos están acostumbrados a usar en su día a día, para comunicarse, en los momentos de ocio, para informarse...

La escuela tradicional arrastra algunos modelos algo obsoletos que a veces se siguen considerando como los más efectivos.... ¿pero los más efectivos para qué? ¿Cuál es la finalidad educativa que persiguen nuestras escuelas?

El modelo tradicional que pone su énfasis en "volcar" información sobre el alumno, en el aprendizaje literal y memorístico, en el alumno pasivo y receptivo, en la evaluación de contenidos teóricos...no potencia la formación de esas personas que la nueva sociedad demanda....personas activas, críticas, con criterio propio, capacidad de investigar, de formarse e informarse, de comunicarse y de salir a la sociedad con todas las herramientas necesarias para moverse perfectamente en ella.

Ante este nuevo panorama, que se presenta a pasos agigantados ante nosotros, considero que los profesionales de la educación y la docencia no estamos actuando con la celeridad que se nos pide. Cuesta cambiar el modelo, aceptar que lo que antes funcionaba, ahora ya no tanto, que se nos demanda algo nuevo, pensar en educación debe llevarnos a pensar en qué se le va a pedir a nuestros alumnos, no tanto dentro del aula, sino fuera de ella.

Los especialistas de Educación Infantil y Primaria se forman en la Universidad para ser maestros, acceden a los estudios superiores con la idea de prepararse para una profesión y durante tres años reciben formación teórica y práctica con la que se trata de darles el carácter profesional. Se busca que conozcan las características del alumnado con el que van a trabajar, los procesos de enseñanza aprendizaje, las estrategias metodológicas más adecuadas para cada edad, los procesos de evaluación, las tareas que tendrán que desempeñar, etc., y que además interaccionen con la escuela real a través del practicum. En cambio, el docente de secundaria es un especialista en un área de conocimiento, accedió a la Universidad y se formó para ser un biólogo, un historiador, un filólogo, un músico, etc., que cuando decide o se plantea la posibilidad de dedicarse a la docencia, realiza un máster, con el que recibe toda la formación teórica y práctica que se le va a exigir. El fundamento de este máster, se basa en la idea de que para ser profesor de secundaria de una especialidad lo fundamental es dominar la materia a enseñar, por esto es suficiente con este máster para que el futuro docente conozca, de forma superficial, las características de los alumnos de Secundaria y de los centros en los que tendría que desarrollar su labor.

Hoy, la escuela y la sociedad saben de la importancia educativa de una etapa como la Enseñanza Secundaria para la formación de las generaciones más jóvenes. En esta etapa se sientan las bases definitivas que llevarán a los adolescentes a convertirse en adultos. Durante cuatro años tenemos el privilegio de tener a toda la población entre 12 y 16 años escolarizada en nuestros centros educativos, esto nos permite poder dedicarnos a darles la formación que más tarde van a necesitar para desenvolverse en esta sociedad del conocimiento y la información en la que les ha tocado vivir. Si queda plasmada la importancia de la labor de educar durante la etapa Secundaria, esto conlleva la importancia de formar a los docentes que van a ser los guías de esas futuras generaciones de ciudadanos capaces de desarrollarse en la sociedad del siglo XXI[12].

---

[12] http://www.biblioteca.uma.es/bbldoc/tesisuma/17676356.pdf

¿Cuántas veces identificamos la acción educativa con llenar la cabeza de contenidos? /
Viñeta de Mafalda, creada por Quino.

Objetivos Generales

Con este trabajo pretendemos realizar un análisis que nos permita contrastar el modelo tradicional de enseñanza con un modelo actual, enmarcado en este nuevo siglo, y basado en las aportaciones de todas las nuevas investigaciones que se están haciendo al respecto, principalmente en lo referente a metodologías e interacción en el aula.

Para ello, estableceremos una serie de objetivos que guiarán nuestra actuación:

- Revisar investigaciones y casos reales de puesta en práctica de nuevos modelos pedagógicos.

- Comparar y analizar modelos, extrayendo puntos en común.

- Aterrizar en la realidad del aula, observando actuaciones docentes y discentes y extraer conclusiones al respecto.

- Analizar nuevas aportaciones del paradigma neurodidáctico.

- Establecer las bases de un nuevo perfil docente.

Método

En nuestro trabajo hemos utilizado una metodología cualitativa, con una finalidad aplicada. Basada en gran parte en la investigación bibliográfica y descriptiva.

Resultados

La revisión de modelos nos permite presentar de forma resumida y gráfica aquellos paradigmas educativos pedagógicos que más influencia están ejerciendo en la definición de un modelo actual de docente y discente, de un nuevo modelo de escuela. Podemos decir que en ellos se asientan las bases sobre las que se empieza a trabajar y sobre las que las experiencias van fortaleciendo y debilitando estrategias en función de resultados, de respuesta a expectativas, de adaptación al medio y a las personas y en definitiva de avance social.

A modo de resumen, presentamos este cuadro, que recoge los principales modelos en los que hemos basado nuestro estudio:

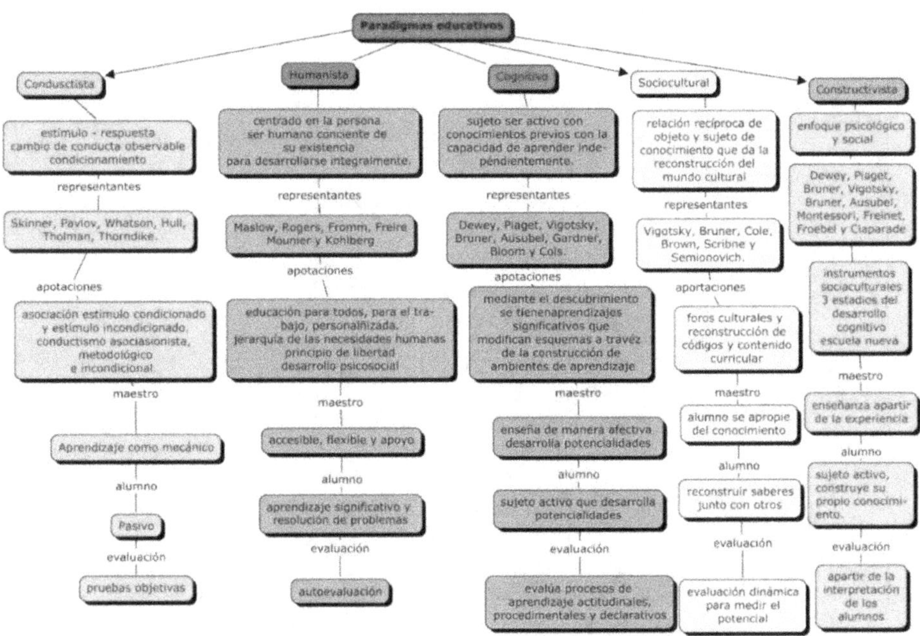

Profundizando en el papel que maestro y alumno desempeña en cada uno de ellos, obtenemos este cuadro que agrupa las características de cada uno de ellos en función del paradigma educativo al que atienda[13]:

---

[13] https://www.slideshare.net/viteriange/cuadro-comparativo-31206790

PAPELES DEL MAESTRO EN LOS PARADIGMAS EDUCATIVOS

CONDUCTISTA	• Profesor programador, hace arreglos de contingencias de reforzamiento para enseñar. • Percibe el aprendizaje como algo mecánico, deshumano y reduccionista. • Maneja los recursos conductuales.
HUMANISTA	• Maestro facilitador. Parte de las potencialidades y de las necesidades individuales. • Fomenta el espíritu cooperativo de los alumnos. • Fomenta el autoaprendizaje y la creatividad. • Potencia la autorrealización de los alumnos. • Rechaza posturas autoritarias y egocéntricas.
COGNITIVO	• Parte de las ideas previas de los alumnos para que aprendan a aprender y pensar. • Promueve el aprendizaje significativo. • Diseña actividades de aprendizaje que promuevan el desarrollo de las habilidades intelectuales. • Es un guía que enseña de manera afectiva: conocimientos, habilidades cognitivas, metacognitivas y autorreguladoras.
SOCIOCULTURAL	• Experto que enseña en una situación esencialmente interactiva. • Su participación en el proceso instruccional para la enseñanza de algún contenido (conocimientos, habilidades, procesos) en un inicio debe ser sobre todo directiva. • Posteriormente con los avances del alumno en la adquisición o internalización del contenido, se va reduciendo su participación al nivel de un espectador empático. • El profesor es un agente cultural que enseña en un contexto de prácticas y medios socioculturalmente determinados, a través de actividades conjuntas e interactivas.
CONSTRUCTIVISTA	• Promueve el desarrollo y la autonomía de los educandos. • Promueve una atmósfera de reciprocidad, de respeto y autoconfianza para el niño, principalmente mediante la "enseñanza indirecta" y del planteamiento de problemas y conflictos cognitivos. • La enseñanza debe partir de actividades reales que permitan su posterior transferencia pero que al mismo tiempo integren la complejidad que caracteriza a las situaciones del mundo real. • Favorece una búsqueda activa y continua del significado. • El conocimiento se construye a partir de la experiencia; el error lo considera como una posibilidad de autoevaluación de los procesos realizados. • Son importantes los elementos motivacionales para llevar a cabo aprendizajes significativos.

PAPELES DEL ALUMNO EN LOS PARADIGMAS EDUCATIVOS

CONDUCTISTA	• Sujeto cuyo desempeño y aprendizaje escolar pueden ser arreglado por el exterior (situación instruccional, métodos, contenidos, etc.) • Basta con programar adecuadamente los insumos educativos, para que se logre el aprendizaje de conductas académicas deseables. • Dócil: el respeto a la disciplina y por ende a la pasividad.
HUMANISTA	• Seres con iniciativa, individuales, únicos y diferentes de los demás, tienen potencialidades, poseen afectos, intereses y valores particulares. • Son personas totales, trabaja en su autorrealización en todas las esferas de la personalidad. • Soluciona problemas creativamente.
COGNITIVO	• Es un sujeto activo procesador de información quien posee una serie de esquemas, planes y estrategias para aprender a solucionar probemas. • Se parte de que el alumno posee un conocimiento previo, acorde a su nivel de desarrollo cognitivo, al cual se programa experiencias sobre hechos que promoverán aprendizajes significativos. • Considera al alumno como un procesador activo de información.
SOCIOCULTURAL	• Ente social, protagonista y producto de las múltiples interacciones sociales en que se ve involucrado a lo largo de su vida escolar y extraescolar. • El alumno reconstruye los saberes.
CONSTRUCTIVISTA	• Constructor activo de su propio conocimiento y reconstructor de los contenidos escolares a los que se enfrenta. • El alumno debe ser visto como un sujeto que posee un determinado nivel de desarrollo cognitivo y que ha elaborado una serie de interpretaciones o construcciones sobre los contenidos escolares.

QUÉ TOMAMOS DE ESTOS PARADIGMAS EDUCATIVOS PARA EL NUEVO MODELO DE ESCUELA

CONDUCTISTA	• Los aportes que hizo a la educación como: el trabajo planeado, las pequeñas unidades de información y las actividades por estímulo y respuesta, mediante el razonamiento positivo. • El maestro como coordinador tomando en cuenta los estímulos para provocar respuestas fáciles de observar y valorar y el uso de recursos audiovisuales.
HUMANISTA	• La concepción del alumno como un ente humano. • La autoevaluación. • El medio ambiente que influye en el aprendizaje.
COGNITIVO	• Estimular el desarrollo de las habilidades intelectuales de los alumnos mediante el diseño de actividades. • El maestro mediador de los procesos de aprendizaje.
SOCIOCULTURAL	• El trabajo colaborativo en los ambientes de aprendizaje. • El tutelaje.
CONSTRUCTIVISTA	• Recuperación de los conocimientos previos. • Propiciar conflictos cognitivos. • Propiciar actividades cooperativas. • Promover el diálogo o intercambio de puntos de vista. • Estrategias de progreso en las situaciones problemáticas planteadas.

Como resultado de todo este proceso de revisión y análisis de modelos, comenzamos a comparar y constrastar, ya que para poder definir las bases de un modelo de docente y de escuela para el siglo XXI, es importante mostrar la evolución que ha tenido lugar en el tiempo para estos conceptos.

Es por ello de interés visualizar el modelo de escuela tradicional para poder enfrentarlo a un nuevo modelo, que podemos considerar más cognitivo y emocional.[14]

---

[14] http://colaboraeducacion30.juntadeandalucia.es/educacion/colabora/documents/100487/1389978/Escuela+tradicional+vs+neurodid%C3%A1ctica/5dff8560-dbae-4b61-8f43-ed16e9e9650c?download=true

	ESCUELA TRADICIONAL	NUEVO MODELO ESCUELA
COMUNICACIÓN	• UNIDIRECCIONAL: Profesor / alumno Profesor transmite conocimientos / información. • SOPORTES: Pizarra, libros. • EDUCACIÓN "BULÍMICA": El tiempo dedicado a la exposición de información aumenta según el nivel educativo.	• BIDIRECCIONAL Y MULTISENSORIAL: El profesor no "vomita" la informacion, sino que se convierte en un facilitador y transmisor, que promueve la búsqueda de la información y el aprendizaje de los contenidos. • SOPORTES: Formato audiovisual: estimula el cerebro, contextualiza la información, genera motivación… "Saltarse el currículum": la vida no está dividida en asignaturas. • ENTRENAMIENTO DE LAS FUNCIONES MENTALES: A través de retos.
AULA	• SENTADOS EN EL AULA: El cerebro aprende mejor en movimiento, aprender sentados va en contra de cómo aprende nuestro cerebro. • MIRÁNDOSE LA ESPALDA: Es la disposición habitual de muchas aulas y se hace más común en niveles superiores.	• TRABAJO COOPERATIVO: Mesas móviles en función de la actividad a desarrollar. División en grupos atendiendo a la teoría de las "neuronas espejo" (se aprende a través de la observación y la imitación)
MEMORIA	• MEMORIA NO SIGNIFICATIVA: Repetición de datos secuenciales.	• MEMORIAS SIGNIFICATIVAS: Estimulación, conectividad, funcionalidad neuronal.
TAREAS	• REPETITIVAS Y MECÁNICAS: El alumno realiza una y otra vez tareas similares de forma mecánica para aprender este procedimiento.	• PROCESOS CONTEXTUALIZADOS: Aprender haciendo para construir la estructura mental.
EVALUACIÓN	• DATOS MEMORÍSTICOS: Anteriormente el conocimiento estaba en las instituciones educativas y era necesario transmitirlo. Otros aprendizajes se adquirían en la calle en exposición ecológica: jugando en la calle, inventando juegos, en grupos de amigos, fortaleciendo relaciones sociales….	• APLICACIÓN DEL CONOCIMIENTO: En la sociedad del conectivismo ya no tiene sentido, es un sistema más sedentario e individual, repleto de información por todas partes. Ahora hay que comprobar si el alumno ha adquirido competencias y si es capaz de transferir la información en conocimiento.

Este nuevo modelo de escuela, demanda un nuevo modelo docente, pero... ¿cómo debe ser este docente del siglo XXI?[15]

- Debe ser capaz de aprender a trabajar de forma creativa con los demás, es decir ir aprendiendo a desarrollar, implementar y comunicar nuevas ideas de manera efectiva a los demás. Eso implica competencias como:
  - **CREATIVIDAD E INNOVACIÓN**
    1. Ser abierto y receptivo a nuevas y distintas perspectivas, incorporando al grupo aportaciones y comentarios en el trabajo.
    2. Ver el fracaso como una oportunidad para aprender.
    3. Entender que la creatividad y la innovación es un recorrido a largo plazo, un proceso cíclico de errores frecuentes y de pequeños éxitos.

- Uno de los puntos clave es utilizar de forma adecuada, en función de la situación durante la docencia, las diferentes clases de razonamiento, así como potenciar también el uso del pensamiento sistémico, es decir, analizar cómo las partes de un todo interactúan entre sí en los sistemas complejos para producir resultados globales:
  - **PENSAMIENTO CRÍTICO Y RESOLUCIÓN DE PROBLEMAS**
    1. Analizar y evaluar de forma efectiva las evidencias, argumentos, demandas y creencias.
    2. Analizar y evaluar los principales puntos de vista alternativos.
    3. Sintetizar y hacer conexiones entre la información y los argumentos.
    4. Interpretar la información y extraer conclusiones basadas en el mejor análisis.
    5. Reflexionar críticamente sobre las experiencias de aprendizaje y procesos.
    6. Resolver diferentes tipos de problemas no familiares en ambas formas convencionales e innovadoras.
    7. Identificar y hacer preguntas significativas que aclaren varios puntos de vista y llevar a mejores soluciones.

---

15 https://www.ignasialcalde.es/docentes-del-siglo-xxi-retos-y-habilidades-clave/

- En el entorno tecnológico y saturado de medios en el que vivimos, es clave adquirir competencias en el acceso y evaluación de la información, para su posterior uso y procesado.

  - **ACCESO Y GESTIÓN EFICAZ DE LA INFORMACIÓN**

    1. Acceder a la información de manera eficiente (tiempo) y eficaz (fuentes).

    2. Evaluar la información crítica y competente.

    3. Utilizar la información con precisión y creatividad para el asunto o problema que nos ocupa.

    4. Gestionar el flujo de información de una amplia variedad de fuentes.

    5. Comprensión fundamental de las cuestiones éticas / legales en torno a la adquisición, acceso y uso de la información.

    6. Entender cómo y por qué se construyen la comunicación visual y sintética en la transmisión de conocimiento.

    7. Usar la tecnología como una herramienta para investigar, organizar, evaluar y comunicar información.

Esta imagen representa de forma muy gráfica el cambio de modelo[16]:

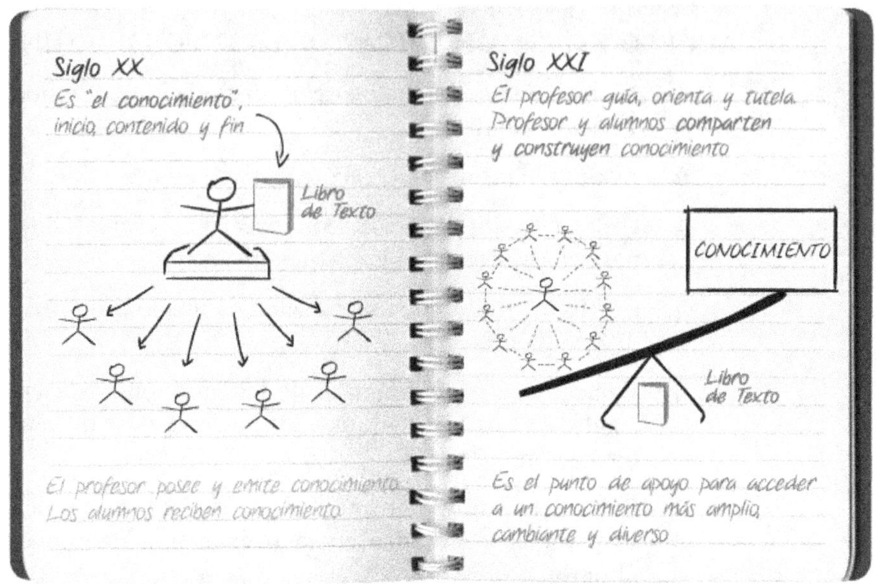

Representación gráfica de los cambios educativos entre siglos, extraída del blog de "La Educación y Tecnología".

- La educación busca dentro de sus objetivos últimos la formación integral del ser humano.

- Busca intervenir en las Dimensiones Cognitivas (conocimientos) Axiológica (valores) y Motora (Habilidades y Destrezas), para mejorar la calidad de vida.

- Exige el desarrollo de capacidades:

    o   Pensamiento sistemático.

    o   Trabajo en equipo.

    o   Abstracción.

---

[16] https://educablogti.wordpress.com/2014/07/25/educacion-del-siglo-xx-y-siglo-xxi/

o   Aprender a experimentar.

o   Prepara al joven para tener la facilidad de encontrar salidas pertinentes y adecuadas.

Pero antes de pasar a la práctica, de que los modelos y las teorías pasen del papel a las aulas, es primordial, escuchar la voz de los maestros y profesores, de aquellos que conviven día a día con la realidad que se quiere trabajar, y cuyo rol profesional es el que se pone en entredicho y se quiere cambiar.

Me han parecido de una gran claridad las palabras de una maestra, que se ha hecho popular en las redes sociales, bajo el nombre de "maestra de pueblo", en una entrevista[17], comentaba lo siguiente:

- *¿Ha cambiado lo suficiente el rol del maestro desde el siglo XIX hasta ahora?*

Los docentes somos bastantes reacios a los cambios, funciona mucho el "siempre se ha hecho así" aunque poco a poco se ven más prácticas de maestros que demuestran que los cambios no son sólo recomendables sino absolutamente necesarios.

El maestro antes tenía un papel en la sociedad que ahora no tiene. Hoy en día no sólo es cuestionado profesionalmente desde fuera sino también desde dentro, nos dejamos llevar por libros de texto, leyes en constante cambio... Aunque no estemos satisfechos con nuestro trabajo no nos atrevemos a cambiar, a dar ese paso y si no estamos satisfechos con nuestro trabajo, ni podemos transmitir nada a nuestros alumnos ni avanzar.

- *¿Cómo augura que será la práctica docente en el siglo XXI?*

El proceso de cambio es imparable, tiene y debe cambiar. Si en medicina se hubieran tenido tantos miedos a introducir cambios que pudiesen dañar al paciente, como se tiene en educación, aún no se aplicaría la anestesia. En educación sobran miedos y falta mucha inmersión en la realidad en la que vivimos. No me atrevo a imaginar el futuro, pero en el presente, ya no es necesario por ejemplo, que un libro de texto nos explique el clima, si podemos ver un video de la selva y el desierto, hacer un gráfico con la temperatura real de cualquier lugar del mundo e incluso comunicarnos con personas que nos cuenten cómo es vivir en condiciones extremas; todo esto sin movernos del aula, pero las opciones se multiplican si además tienes la posibilidad de aprender fuera del aula.

---

[17] http://www.educaciontrespuntocero.com/

Discusión y conclusiones

La teoría frente a la práctica, el papel frente a la realidad, el laboratorio frente al aula...

Modelos, teorías, paradigmas, enfoques... basadas en estudios científicos, pero la realidad debe ser la base principal de todo ello, sin la cual, la estructura se desmonta.

Los cimientos del conocimiento sobre educación, sobre cómo, cuándo y dónde educar, estrategias, pautas, contextos... no deben partir de un laboratorio, sino del centro educativo, de la realidad. A veces la investigación se aleja de la realidad porque no trabaja desde dentro de ella, sino sobre ella y eso,.... es muy distinto.

La pedagogía no puede teorizar y moldear un modelo de maestro y alumno, como si de eso mismo se tratase, de un "molde".

Las propuestas de actuación deben surgir desde dentro, esa pedagogía debe estar dentro del centro, y gracias al conocimiento del mismo, y de sus "habitantes", desarrollar de forma conjunta estrategias de funcionamiento, pautas de mejora y niveles de avance.

Todo esto acompañado de una formación inicial y permanente del profesorado que le permita y le facilite esta labor, posibilitándole los conocimientos necesarios, las estrategias y los recursos que le situen en una posición adecuada para afrontar los desafíos que se le presentan en este nuevo siglo.

Valorar la posición docente, su función social y la importancia de su desempeño laboral para el futuro de la sociedad es un factor que impulsará en gran medida el recocimiento de estos profesionales.

El apoyo institucional, también es fundamental. Se pide un cambio en el perfil docente pero debe ser un cambio a nivel institucional. Todos los escalofones y miembros de este sistema educativo deben entender la importancia y la necesidad de este cambio y apoyarlo y propiciarlo, facilitando y nunca dificultando u obstaculizando el mismo.

Referencias bibliográficas

Monis, M. (2014). Neuroeducación en el Aula: Neuronas Espejo y la Empana Docente, *La Vida y la Historia*. ISSN 2312 9115; 2014(2)3/4)1111 :9-18.

Estupiñan Ricardo, J., Cherrez Cano, I.M., Intriago Alcívar, G.C. y Torres Vargas, R.J. (2016). Neurociencia cognitiva e inteligencia emocional, *Revista Didasc@lia: D&E. Publicación cooperada entre CEDUT- Las Tunas y CEdEG-Granma, CUBA*. Vol. VII. Año 2016. Número 4, Octubre-Diciembre.

Díaz, F. (1999). Estrategias Docentes para un AprendizajeSignifica-
tivo.Una interpretación constructiva. McGraw-Hill, Méxicocap. 4y
5.

Mas Torelló, O. (2012). Las competencias del docente universitario: la
percepción del alumno, de los expertos y del propio protagonista.
Revista de Docencia Universitaria. Vol.10 (2), Mayo-Agosto 2012,
299-318ISSN: 1887-4592.

Bozu, Z. y Canto Herrera, P.J. El profesorado universitario en la sociedad
del conocimiento: competencias profesionales docentes, *Revista
de Formación e Innovación Educativa Universitaria.* Vol. 2, Nº
2, 87-97 (2009)

http://dip.una.edu.ve/mpe/025disenoinstruccional/lecturas/Uni-
dad_III/EstratDocParaUnAprendSignif.pdf

https://ddd.uab.cat/pub/dim/16993748n19/16993748n19a12.pdf

http://revistas.pedagogica.edu.co/index.php/RCE/article/down-
load/5512/4539

http://www.educaciontrespuntocero.com/

http://www.biblioteca.uma.es/bbldoc/tesisuma/17676356.pdf

https://www.slideshare.net/viteriange/cuadro-comparativo-31206790

http://colaboraeducacion30.juntadeandalucia.es/educacion/colabora/do-
cuments/100487/1389978/Escuela+tradicional+vs+neuro-
did%C3%A1ctica/5dff8560-dbae-4b61-8f43-
ed16e9e9650c?download=true

https://www.ignasialcalde.es/docentes-del-siglo-xxi-retos-y-habilidades-
clave/

https://educablogti.wordpress.com/2014/07/25/educacion-del-siglo-xx-
y-siglo-xxi/

CAPÍTULO VIII

¿QUÉ OCURRE EN EL CEREBRO TRILINGÜE? ELCASO DEL BINOMIO ALEMÁN/NEERLANDÉS UNIDOS A LA LENGUA MATERNA

Dr. Francisco Sánchez Romero
Dra. María A. Borrueco Rosa
Universidad de Sevilla

Resumen

Cuando se plantean estudios didácticos o metodológicos, generalmente se considera la relación binaria lengua materna / lengua extranjera como punto de partida para los planteamientos de investigación. La realidad muestra que hay una tendencia prácticamente generalizada hacia el aprendizaje de una tercera o incluso una cuarta lengua, situándonos en un escenario que trasciende el bilingüismo y plantea el multilingüismo como una realidad de futuro. Derivamos de esta premisa que será necesario plantear investigaciones que consideren la interrelación de tres o más lenguas de forma simultánea.

Si durante años se consideró esta interacción como negativa, dada las muestras de interferencia lingüística que se manifiestan en las dificultades de aprendizaje en cada lengua, investigaciones recientes en neurociencia cognitiva dan buena muestra de los beneficios del cerebro multilingüe en el hablante.

Se plantea esta ponencia analizar qué tipo de interferencias suelen manifestarse entre una segunda y tercera lengua que se adquiere de forma simultánea, ilustrando ejemplos del binomio alemán/neerlandés y en qué niveles de lengua se manifiestan.

Es objetivo igualmente evidenciar que para el aprendiente de lenguas extranjeras la interacción positiva entre lenguas supone un enorme beneficio lingüístico a la luz de las últimas investigaciones en neurociencia. Lejos de ser un inconveniente se ha podido demostrar que la constante interacción entre lenguas desarrolla mayor conciencia lingüística y facilita la integración de una nueva lengua en sistemas lingüísticos preexistentes.

Palabras claves

multilinguism, bilinguism, secondlanguage, thirdforeignlanguage.

Introducción

Obvia decir que existe una gran profusión de estudios de diversa naturaleza, teóricos o empíricos, en torno a la metodología, didáctica, o la adquisición de destrezas comunicativas que se centran en el proceso de enseñanza/ aprendizaje de la lengua extranjera, como es buena muestra el presente volumen monográfico. Generalmente estos estudios consideran la relación binaria que se establece entre la lengua materna y la lengua objeto de estudio, sin considerar que no es infrecuente la circunstancia de estudiar una tercera o una cuarta lengua, tras la materna y una primera lengua extranjera.

Se produce en estos casos una relación, ya no binaria entre dos lenguas sino una relación en ocasiones muy compleja entre lengua materna, y dos o más lenguas extranjeras, generando una forma peculiar de multilingüismo, en la que se produce de forma simultánea la adquisición de varios sistemas lingüísticos. Generalmente partimos de una situación en la que el estudiante de una tercera lengua, neerlandés por ejemplo, ya está en posesión de una competencia comunicativa en una lengua diferente a la materna, en nuestro caso el alemán. Esta circunstancia supone una experiencia previa en un proceso de aprendizaje similar y, por lo tanto, una experiencia previa en la adquisición de destrezas comunicativas que de alguna forma influyen en el proceso de aprendizaje de la tercera lengua.

Desde la perspectiva tradicional observamos diversas teorías que intentan dar respuesta a interrogantes comunes como en qué medida ejercen una influencia negativa o positiva los sistemas lingüísticos en contacto, tanto en el caso del materno como el de otros, qué estrategias desarrolla el aprendiz de la lengua en este proceso o qué causas justifican la producción de estos errores.

Destacamos en este sentido tres teorías: la teoría contrastiva de la adquisición de la lengua extranjera (die kontrastive Hypothese), la teoría de la identidad lingüística (die Identitätshypothese) y la teoría de la interlengua (die Interlanguage-Hypothese o Interimsprache (Kjär, 2000).

a) La hipótesis contrastiva

La denominada "kontrastive Hypothese", que tiene su origen en los postulados de Fries (1945) y Lado (1957) y se desarrolla en los años 60, se fundamenta en el conductismo y entiende el aprendizaje de la lengua como la adquisición de hábitos lingüísticos según el proceso estímulo-respuesta.

Asume esta teoría una transferencia sistemática de hábitos lingüísticos de la lengua materna a la lengua extranjera, o de una lengua extranjera aprendida a la más reciente. Se considera que las dificultades de aprendizaje surgen cuando hay diferencias en los sistemas lingüísticos, pues el hablante tiene que modificar los hábitos lingüísticos adquiridos previamente. Cuánto mayores son las diferencias mayores dificultades ha de superar el aprendiz.

b)   La teoría de la identidad o "Identitätshypothese".

Frente a la concepción del aprendizaje descrita anteriormente surge como reacción la teoría de la identidad. Según esta, desarrollada en los años 70 el proceso de adquisición de las lenguas extranjeras es idéntico al de la lengua materna. El aprendiz filtra un determinado material lingüístico (o input) y extrae información que transforma en reglas sobre el sistema que está adquiriendo. Los errores que produce el aprendiz son resultado de una competencia imperfecta y de un proceso de aprendizaje intralingual. El error es concebido como un déficit de conocimientos en relación con la lengua que se estudia. Esta teoría de la identidad no aporta, sin embargo, respuesta a errores que no encuentran justificación en el sistema que se aprende y que denotan de alguna forma influencia externa al sistema lingüístico en proceso de adquisición. Como ejemplo la oración, Der Lehrer *verklärt den Fehler. Solo tiene explicación si consideramos la influencia del neerlandés verklaren (explicar). al. erklären neer. verklaren (al. verklären: rebosar felicidad). Este tipo de errores denota claramente una influencia externa a la lengua misma, influencia que la teoría de la identidad no considera.

c)   Teoría de la interlengua

Frente a las dos teorías mencionadas, la teoría de la interlengua o *Lernersprache* desarrollada en los años 70 y 80 y de vigencia aún en la actualidad, asume la existencia de un sistema lingüístico interno del aprendiz, constituido por reglas que formula de forma propia, y que a veces coinciden con el sistema que está en proceso de aprendizaje y a veces difieren de él.

 El error es concebido no tanto como un estigma del proceso de aprendizaje, sino como parte de un proceso creativo y constructivo en el proceso de adquisición de un sistema lingüístico propio. No debe ser valorado, por lo tanto, negativamente. Se trata de analizar las causas que los producen para optimizar el aprendizaje, no como consecuencia negativa de un proceso de aprendizaje simultáneo.

Al margen de problemas intralinguales generados por la propia lengua objeto de estudio, nos interesa sobre todo la influencia externa durante el proceso de aprendizaje. Asumimos que el aprendiz desarrolla diferentes estrategias que están directamente relacionadas con la experiencia previa en el aprendizaje de otras lenguas adquiridas previamente. Estas estrategias, que no errores, son trasladadas al aprendizaje posterior de una nueva lengua extranjera. Vienen determinadas por variables personales, afectivas y emocionales, de un lado, y por la interacción lingüística entre los sistemas lingüísticos adquiridos o en proceso de adquisición, por otro.

Partimos de la idea de que existe una clara diferencia entre aprendices llamémosles inexpertos y aquellos que ya han desarrollado mecanismos cognitivos en relación con sistemas lingüísticos diferentes al materno. Distinguimos así aprendices de la lengua extranjera que influenciados positivamente por esta experiencia anterior aplican estrategias (mnemotécnicas, cognitivas, compensatorias, metacognitivas, afectivas y sociales) adquiridas anteriormente al nuevo proceso de aprendizaje. Estas estrategias determinan una posición de partida positiva ante la nueva lengua, impulsando la motivación y aminorando las emociones negativas asociadas al esfuerzo de aprender una lengua extranjera nueva. Esta situación conduce a la autovaloración positiva del aprendiz, que arriesgará más en el proceso, evitando estrategias reductivas propias de procesos de aprendizaje en los que el aprendiz se inhibe, limita su autonomía, y por lo tanto, la producción textual a la situación dirigida en el aula y establecida por situaciones precomunicativas impuestas por un determinado método.

Las variables mencionadas conforman así un tipo de influencia no directamente relacionadas con la lengua misma pero de suma importancia en un proceso de enseñanza/aprendizaje que, desde perspectivas actuales, en las que el aprendiz de la lengua es eje central del conjunto de factores que determinan la adquisición de lenguas extranjeras, no pueden ni deben ser ignoradas. Según lo expuesto no podemos hablar exclusivamente de una interacción motivada por la transferencia interlingüística entre sistemas, por el contrario también de influencias emocionales, que constituyen de esta forma el punto de partida de los procesos de interacción.

Pero, si bien la influencia afectiva o emocional es un factor determinante, no es el único a tener en cuenta. Así la influencia que ejerce una lengua en otra en este proceso de aprendizaje simultáneo viene determinada también por factores externos al aprendiz de la lengua.

Generalmente, aunque con excepciones, el orden de adquisición de las lenguas determina la direccionalidad de la interacción. Hay estudios como el de Hufeisen (2000) que demuestran que es la última lengua adquirida la que ejerce mayor influencia en la nueva, mermando la influencia de la lengua materna misma. De igual forma presentan mayor interacción las lenguas muy relacionadas. El carácter dominante de una determinada lengua sobre otra puede estar motivada también simplemente por la duración del período de aprendizaje o por una estancia prolongada en el entorno natural de la lengua objeto de estudio que produce una automatización de los procesos cognitivos a la hora de la producción textual y que afloran durante el proceso cognitivo muy controlado en fases iniciales de adquisición de la competencia comunicativa en una nueva lengua extranjera.

Independientemente de la dirección de la transferencia lingüística asumimos que se produce una confrontación de conocimientos declarativos (morfosintácticos) y procedimentales (pragmáticos, sociolingüísticos, etc.), entre varios sistemas lingüísticos en contacto. Tras esta confrontación se transfieren estructuras y lexemas a las otras lenguas. Hablamos en este caso de trasferencia interlingüística, que en caso de identidad entre ambas lenguas genera una interacción positiva al reforzar los conocimientos declarativos coincidentes y en caso de divergencia y sustitución de unas por otras de transferencia negativa o interferencia interlingüística (Köberle, 1998).

En el conjunto de transferencias lingüísticas que se producen se ha podido demostrar a través de los estudios empíricos mencionados, que el mayor número de errores se produce a nivel morfológico y léxico, frente al menor número de errores a nivel oracional, que van disminuyendo cuanto mayor es la competencia del hablante.

Hacemos, por último brevemente referencia a un tipo de interacción dentro del amplio fenómeno de la transferencia interlingüística de gran interés desde nuestra perspectiva. Nos referimos en este punto a la existencia de una inversión en la dirección de la transferencia interlingüística conocida como interferencia retroactiva (Hufeisen, 2000). Si bien es generalmente el orden cronológico el que determina la influencia de una lengua adquirida previamente en una estudiada posteriormente, este tipo de interferencia retroactiva produce una inversión en la dirección, siendo la nueva lengua objeto de estudio la que ejerce mayor influencia, produciendo transgresiones del sistema en la lengua adquirida anteriormente o incluso en casos extremo en la materna.

Se asume que esta interferencia retroactiva se produce cuando el nivel de competencia de la lengua extranjera adquirida previamente es incompleta o deficiente, produciendo así la confusión entre ambos sistemas o cuando la motivación en el proceso de aprendizaje último es mayor que el generado por las lenguas anteriores.

Las interferencias interlingüísticas retroactivas suelen aparecer, al igual que en los demás casos, en primer lugar a nivel grafemático (ortográfico):

a) Añadiendo grafemas: *Dorpf por Dorf (neerl. dorp); *Noordsee por Nordsee (neerl. Noordzee); *habben por haben (neerl. hebben) o *schwartz por schwarz (neerl. zwart).

b) Eliminando grafemas: *Schwimbad por Schwimmbad (neerl. zwembad); *slafen por schlafen (neerl. slapen); *zusamen por zusammen (neerl. samen).

c) Sustituyendo grafemas: *ik por ich (neerl. ik); *rod por rot (neerl. rood); *ungefeer por ungefähr (neerl. ongeveer) o *zohn por Sohn (neerl. zoon).

A estas primeras interferencias a nivel grafemático suelen seguirle otras de tipo morfológico, lexemático, sintagmático, y sintáctico. A nivel morfológico destacan interferencias sobre todo en cuanto a:

a) la formación del plural *Musea por Museum (neerl. muzea)

b) la formación de tiempos verbales *wierf por warf (al. werfen-warf-geworfen; neerl. werpen-wierp-geworpen).

A nivel lexemático generalmente la influencia retroactiva produce una sustitución de lexemas: Ich habe *niks gesehen. (por nichts), por ejemplo.

En numerosos casos se producen incluso interferencias semántica como en:

Ich habe viel *gelert por Ich habe viel gelernt (al. lernen   neerl. leren al. Lehren).

Objetivos Generales

El estudio que presentamos recoge evidencias de interferencias que han surgido entre una segunda lengua (L2) (el alemán) y una tercera lengua (L3) (el neerlandés) que se desarrolla en un aula donde los alumnos tienen como lengua materna el español (L1) y cursan la asignatura ofertada y denominada "Idioma Moderno II (neerlandés)" dentro de la titulación del grado en Lengua y Literatura Alemanas de la Universidad de Sevilla. La mayoría de los alumnos han comenzado el aprendizaje de dichas lenguas desde un nivel cero (A1) en el primer curso. Se recogen y analizan las interferencias en los siguientes niveles de lengua: léxico, fonético, morfológico, sintáctico y semántico. Siempre se analizarán las interferencias en la dirección alemán/neerlandés, por lo tanto una interferencia no retroactiva.

Hemos creído más acertado centrarnos en las interferencias cuando los alumnos han comenzado a estudiar simultáneamente L2 Y L3 a nivel B1 (asignatura Idioma Moderno II (neerlandés) durante el segundo curso del grado en Lengua y Literatura Alemanas). Se ha elegido concretamente B1 porque la exigencia gramatical en ambos idiomas es avanzada y podemos observar y analizar mejor las interferencias de ambas lenguas germánicas que en sí parten de una raíz común. No hemos de olvidar que los alumnos ya tienen como base otra lengua germánica como es el inglés que les facilitará el avance rápido de aprendizaje de las lenguas L2 y L3. Estas interferencias podrán ser positivas o negativas, como ya hemos comentado anteriormente.

Método

Estas interferencias, tantas positivas como negativas, se han obtenido tras una búsqueda y recopilación de los aciertos y errores más comunes en redacciones, exámenes y ejercicios realizados por los alumnos en clase de la asignatura de Idioma Moderno II durante el curso 2015/2016 dentro del grado de Lengua y Literatura Alemanas de la Universidad de Sevilla. Se analizarán y clasificarán en los siguientes niveles de lengua: semántico, léxico, morfológico, sintáctico y fonético.

1. INTERFERENCIAS NEGATIVAS

a) Interferencias semánticas (se acerca a los *false friends*):

- dürfen (alem.) / durven (neerl.) Escrito correctamente en ambas lenguas:
  -Sie **dürfen** ein Eis nehmen [Usted puede (de tener permiso) tomar un helado]

  -**Durf** jij die boom beklimmen? [Te atreves a subirte a ese árbol? (está implícito el hecho de ser valiente]

  Escrito incorrectamente en neerlandés.
  *Jij ~~durft~~ een ijs nemen ≠ Jij mag een ijs nemen. En alemán se usa como verbo modal y, no así en neerlandés.

a) Interferencias léxicas (grafemas)

  Los siguientes sustantivos:
  - Sta**dt** (alem.) / sta**d** (neerl.). Escrito correctamente en ambos idiomas
  - Ma**nn** (alem.) / man (neerl.) Escrito correctamente en ambos idiomas

  Alumnos de neerlandés escriben incorrectamente:
  - *Een ~~mann~~ heeft door de ~~stadt~~ gewandeld. ≠ Een man heeft door de stad gewandeld.
  -

b) Interferencias morfológicas

- Los verbos zijn/sein (conjugado en tercera persona).
  -Er ist in den Niederländern geboren (alem.).
  -Hij is in Nederland geboren (neerl.).

  Incorrectamente utilizado:
  -Hij ~~ist~~ in Nederland geboren.

- Los verbos studieren (alem.) / studeren (neerlandés). A la hora de conjugarlos en primera persona:
  -Ich nehme (alem.) / Ik neem
  -Ich studiere (alem.) / Ik studeer

  Alumnos de neerlandés escriben incorrectamente:
  -Ik ~~stude(e)re~~ Duits ≠ Ik studeer Duits

- El artículo de un sustantivo. De auto (neerl.)/ Das auto (alem.). Ejemplo erróneo utilizado por un alumno de L3 (neerl.):
  ~~Het~~ auto van Antonio is erg duur ≠ De auto van Antonio is erg duur. El alumno al pensar que en alemán el sustantivo Auto es de género neutro, pues amplica el mismo género het en neerlandés.

c) <u>Interferencias sintácticas</u>
- Oraciones subordinadas con verbos modales:
  - (alem.) Ich denke daβ du ein Auto haben will.
  - (neerl.) Ik denk dat jij een auto wil hebben.
  Incorrectamente utilizado:
  - Ik denk dat jij een auto hebben ~~wil~~.

Aquí observamos la dificultad añadida para los hispanohablantes a la hora de dominar la gramática de las oraciones subordinadas donde el verbo se sitúa al final. Es decir, un hispanohablante no detecta hasta el final cuál es la acción (verbo principal) que va a realizar el hablante neerlandés o alemán. Sin embargo, el nativo alemán u holandés ha desarrollado una intuición al respecto que le permite predecir el final de la frase desde el principio.

d) <u>Interferencias fonéticas:</u>

- fantasti**sch** (en ambas lenguas tiene la misma grafía). En neerlandés es simplmente una [s] sonora y en alemán corresponde al sonido [ʃ]. Los alumnos que tienen el alemán como L2 tienden a equivocarse en la lengua L3 (neerlandés) y utilizan el sonido erróneo [ʃ] en vez de [s].
- **Sch**ule/**sch**ool (en ambas lenguas tiene la misma grafía). La pronunicación en alemán es [ʃU:lə] y en neerlandés [sXo:l]. Los alumnos de L2 (alemán) suelen optar en la lengua L2 (neerlandés) equivocadamente por el sonido [ʃ].

2. INTERFERENCIAS POSITIVAS

Dentro de las interferencias positivas nos encontramos con que el alumno trilingüe acelera el proceso de aprendizaje para cualquier otro idioma añadido en el futuro. Y, por lo tanto, el alumno la integra en su sistema preexistente de conocimiento lingüístico, en nuestro caso el binomio neerlandés/alemán:

- La similitud en el léxico (grafía). Ejemplos: fantastisch/romantisch, Aunque podría llevar a errores en una pronunciación diferente.

- Las oraciones subordinadas poseen la misma estructura sintáctica con verbos al final de la frase.

- El sujeto siempre tiene que estar explícito y el verbo tiene que ocupar la segunda posición en enunciados afirmativos, puesto que ambas se integran dentro del grupo "verb second-position languages" tal y como se denomina en inglés y al que pertenece también el inglés mismo. Por ejemplo, en la lengua española podemos variar esta posición.

Ejemplos:

- 's Morgens eet ik een appel.

-Por las mañanas me como una manzana (sujeto no explícito).

- La mayoría de los sustantivos que son de género neutro coinciden en ambos idiomas y las excepciones no implican más de 5%.

Resultados

Las conclusiones que se recogen a continuación derivan de los resultados observados en el aula del Prof. Dr. Francisco Sánchez Romero tras el análisis contrastivo de los errores recopilados en el corpus analizado.

Así determina que es habitual centrar los estudios en la determinación de las interferencias negativas y es creencia general que una L3 es perjudicial para el aprendizaje de una L2, pero se observa por la experiencia en el aula que es beneficioso tanto para facilitar la enseñanza al profesor como para el aprendizaje del alumno. En el aula se les que el ser humano desde que nace tiene una estructura mental universal y tiene la capacidad de aprender cualquier idioma, en función del entorno adquirirá la lengua de forma inconsciente. Destaca que el inglés también es una lengua germánica y que, por lo tanto, los alemanes y holandeses asimilan antes la fonética y la gramática inglesa que tiene estructuras similares. Lo mismo les sucede a los nativos españoles, que adquieren más rápidamente las lenguas romances (francés, italiano, etc.) que los del norte de Europa.

En clase, en la práctica, se exponen ejemplos de los artículos en las tres lenguas que desde el este al oeste de Europa van disminuyendo: en alemán tres artículos (*der/die/das*), neerlandés dos artículos (*de, het*) y el inglés simplemente uno (*the*). Por este motivo y por carecer de declinaciones, resulta más fácil aprender la lengua inglesa que el neerlandés y el alemán. Sin embargo, la fonética inglesa es más complicada por la influencia de los normandos, entre otras vicisitudes históricas.

En la asignatura de "Idioma Moderno I" se les presenta el idioma neerlandés en una situación real y apoyado por un ejercicio a nivel escrito para que observen que pueden entender gran parte del léxico y la gramática neerlandesa, ya que los alumnos los comparan con el inglés o el alemán. Utilizamos para ello el libro *Vanzelfsprekend* (Devos 1999) y un vídeo en el que un estudiante Erasmus italiano llega a la zona flamenca de Bélgica a estudiar neerlandés (un tema cercano para los estudiantes de la Universidad y que es de su interés).

La metodología empleada en clase hasta el momento, además de la comunicativa (apoyada por una hora semanal con una auxiliar de conversación nativa de los Países Bajos o de Flandes) es el método deductivo. No se presenta directamente la gramática, sino que el alumno deduce de forma paulatina la regla gramatical (a través de diálogos, audiciones y ejercicios repetitivos). El libro utilizado en clase es el *Contact 2* (De Leeuw 2011). Al final del apartado de la lección es el propio alumno el que tiene que rellenar huecos de cómo es la regla gramatical, es decir el alumno por sí mismo llega a la hipótesis. En clase se expone siempre el ejemplo de los verbos separables tanto en alemán como en neerlandés, que los alumnos ya han estudiado en inglés como los *phrasal verbs*. El ejemplo en inglés es el verbo e infinitivo *to stand up*, en alemán *aufstehen* o neerlandés *opstaan*. En inglés en el infinitivo ya aparecen separadas ambas partes.

Discusión y conclusiones

En el proceso de enseñanza y aprendizaje de lenguas extranjeras se impone de forma generalizada la comparación con la lengua materna, en nuestro caso el español. Durante la adquisición de conocimientos nuevos siempre tiene lugar una comparación con estructuras ya existentes en el cerebro. La lengua nueva adquirida (el neerlandés) es comparada con la lengua materna y otras lenguas existentes en el cerebro (alemán) (Grein 2013: 43). El sistema límbico comprueba si el conocimiento nuevo es relevante, y, después, a qué estructura disponible, a qué conocimientos previos, se puede asociar. Por tanto, prescindir o prohibir completamente el uso de la lengua materna u otros idiomas en el aula de lengua extranjera puede llegar a ser incluso contraproducente (Grein 2013: 44).

Para evitar interferencias negativas en el aula es recomendable que el profesor también sea al menos trilingüe, lo que favorecería los procesos de aprendizaje. Además, el profesor, por su experiencia, detectaría con mayor rapidez y eficacia las interferencias negativas de los alumnos trilingües con objeto de subsanarlas y explicarlas mejor. Como resultado, las interferencias semánticas y fonéticas se podrían llegar a corregir con más rapidez en el aula.

El estudio de lenguas germánicas hace que el alumno español desarrolle en su cerebro la capacidad de comprender mejor los compuestos de cualquier otro idioma y que incluso cree nuevos compuestos que no existen en la lengua L2 y L3. En español, por supuesto, existen palabras pero en un porcentaje menor al de las lenguas neerlandesa y alemana. Las investigadoras Rosalie Sitman e Ivone Lerner, ofrecen una reflexión interesante sobre el aprendizaje de lenguas que nos permitimos citar a modo de conclusión:

> "En el alumno plurilingüe esta capacidad de reflexión lingüística se ve favorecida por sus conocimientos de más de una lengua, los cuales por un lado lo ayudan a tomar conciencia de las formas, los significados y las reglas del lenguaje y, por otro, a desarrollar habilidades metalingüísticas que luego aplicará en el proceso de aprendizaje. Al aprender una nueva lengua, el alumno la integra a su sistema preexistente de conocimiento lingüístico. Así, por ejemplo, el aprendizaje del español se ve influido por y a la vez influye en todo el sistema, incluso en la lengua madre. En el caso de una L3 o L4, el alumno tiene la oportunidad de apoyarse no sólo en una lengua extranjera sino en dos o más, o sea dos formas distintas de conocimiento previo (Sitman 2013: 839)".

Podemos concluir el estudio con las siguiente consecuencias didácticas:

Resulta desde un punto de vista didáctico muy aconsejable considerar los factores que determinan la transferencia lingüística entre sistemas que se adquieren de forma simultánea o consecutiva.

Es recomendable, de igual forma, considerar la experiencia previa como estrategia de enseñanza e introducir en los casos necesarios un análisis contrastivo para prevenir los errores, en caso de interferencias interlingüísticas, o potenciar el aprendizaje en caso de interacciones positivas.

 De esta forma la interacción positiva, y las interferencias interlingüísticas, incluidas las retroactivas, pueden ser objeto de reflexión también por parte de los aprendices de la lengua, produciendo una influencia afectiva positiva hacia el aprendizaje, que conduce en última instancia a la automatización de conocimientos declarativos y procedimentales de forma rápida y efectiva.

Se manifiesta como necesario, pues, el desarrollo de una didáctica específica para el aprendizaje de terceras o cuartas lenguas que considere fenómenos particulares a nivel fonético, morfo-sintáctico y léxico-semántico. Debe fundamentarse en estudios empíricos que generen una metodología concreta aplicable a la tercera lengua en relación con las lenguas extranjeras adquiridas previamente. En nuestro caso, el desarrollo de una didáctica aplicada a la interacción entre la lengua neerlandesa y alemana en el contexto hispánico requiere, según lo expuesto hoy, un estudio empírico particular, que determine interacciones positivas e interferencias interlingüísticas con el objeto de optimizar el proceso de enseñanza/aprendizaje de los sistemas en contacto.

Podemos concluir que a pesar de estas dificultades, el aprendizaje de varias lenguas extranjeras, de forma simultánea o consecutiva genera en el aprendiz multilingüe una confianza superior en el aprendizaje y uso de cualquiera de las lenguas que conoce al del monolingüe, por lo que podemos hablar en última instancia de una interacción afectiva positiva que produce la autoestima del hablante favoreciendo su competencia comunicativa en cualquier caso.

Los errores no han de ser valorados negativamente, por el contrario han de ser considerados parte de un proceso complejo de aprendizaje dinámico y creativo, que tienden a desaparecer cuánto mayor es la competencia lingüística del hablante.

De esta forma sería recomendable que permaneciera en nosotros la idea de que más allá de la transgresión lingüística que se puede producir durante el proceso de adquisición de las lenguas ejerce una influencia muy positiva en el hablante el dominio de varios sistemas lingüísticos.

En este contexto descrito se muestra como necesaria el desarrollo de una línea de investigación dirigida al desarrollo de una teoría didáctica específica para el aprendizaje de terceras e incluso cuartas lenguas, donde podrían diseñarse estudios dirigidos a la detección de las interferencias tanto positivas como negativas en el binomio alemán/neerlandés.

Referencias bibliográficas

Alexopoulou, A. (2011). El papel de la transferencia en los errores léxicos. Revista Nebrija de Lingüística Aplicada, 9, 1-6.

Borrueco Rosa, M.A. (2004). La interacción lingüística en el caso del neerlandés como tercera lengua. En F. Sánchez Romero y M. Sánchez Romero (Eds.), *Europa y sus relaciones culturales: España, Alemania y los Países Bajos*, 87-102. Sevilla: Textos de Lengua y Literatura Neerlandesas.

De Leeuw, E., De Groot F. (2011). *Contact! 2. Nederlands voor anderstaligen*, Amsterdam/Antwerpen: Intertaal.

Devos, R., Fraeters, H. (1999). *Vanzelfsprekend. Tekstboek. Nederlands voor Anderstaligen*. Leuven: Acco.

Fries, C. (1945), *Teaching and Learning English as a Foreign Language*. Michigan: The University of Michigan Press.

Hufeisen, B. (2000). How do foreign languages learners evaluate aspects of their multilingualism? En Dentler, S. / Hufeisen, B. / Lindemann, B. (Hrsg.), *Tertiär- und Drittsprachen*, 55-68. Tübingen: Stauffenberg Verlag.

Juan, M. (2008). Contexto y contacto en el aprendizaje de lenguas extranjeras. En *Revista Electrònica d'Investigació i Innovació Educativa i Socioeducativa*, V. 1, n. 0, pp. 47-66.

Kjär, U. (2000),"Deutsch als L3. Zur Interimsprache schwedischer Deutschlerner (unter Berücksichtigung des Einflusses des Englischen als L2)". En S. Dentler, B. (Ed.) Tertiär- und Drittsprachen. Projekte und empirische Untersuchungen. Tübingen: Stauffenburg. 41-56.

Köberle, B. (1998). Positive Interaktion zwischen L2, L3, L4 und ihre Applikabilität im Fremdsprachenunterricht, 89-111. En Hufeisen, B. y Lindemann, B. (Eds.), *Tertiärsprachen. Theorien, Modelle, Methoden*. Tübingen: Stauffenburg.

Lado, R. (1973), *Lingüística contrastiva, lengua y culturas*. Madrid: Ediciones Alcalá.

Grein, M. (2013), Neurodidaktik. Grundlagen für Sprachlehrende. Múnich: Hueber.

Sitman, R. y Lerner, I. (2013). Entiendo lo que siente: profesores y estudiantes plurilingües en un aula multilingüe de ELE. En S. Borrel; B. Blecua Falgueras; B. Crous, Fermín Sierra (Eds.), *Plurilingüismo y enseñanza de ELE en contextos multiculturales*, 836-848. XXIII Congreso Internacional ASELE.

Timoneda, C. (2012). Cognición, emoción y aprendizaje. *Padres y Maestros*, 347, 5-9.

CAPÍTULO IX

RECURSOS Y PROPUESTAS PARA LA ENSEÑANZA DEL ESPAÑOL (ELE) EN LÍNEA

María García Fernández
Universidad de Granada, España

Resumen

Los nuevos entornos virtuales están adquiriendo una gran presencia en la enseñanza de lenguas, especialmente en ELE la aparición de plataformas en línea obliga al docente a conocer nuevas estrategias de enseñanza-aprendizaje que responden a las necesidades de la educación a distancia. En esta comunicación se presentan los actuales espacios virtuales en las que se aprenden lenguas extranjeras y se comenta brevemente su potencial dentro de contextos formales de enseñanza. Finalmente, se exponen los nuevos roles y retos que debe afrontar el docente de español en línea.

En este trabajo se introduce el uso de las plataformas virtuales Italki y Verbling para la enseñanza del español, así como las reflexiones críticas sobre la utilidad de éstas para el desarrollo del aprendizaje docente-alumno. Finalmente se expone de forma práctica una serie de herramientas con las que llevamos a cabo la creación y la explotación de materiales adaptables a un espacio virtual y su posterior evaluación en un curso en línea de ELE.

Palabras claves

Educación a distancia, Enseñanza del español, Tecnología de la educación, Aprendizaje asistido por ordenador, Diseño asistido por ordenador.

Introducción

La búsqueda de respuestas a las nuevas necesidades del alumno nos ha llevado a plantearnos las necesidades sobre la forma de dar una clase a distancia. Han aparecido nuevas teorías del aprendizaje y la adquisición de lenguas que nos hacen replantearnos cómo enseñar, qué contenidos abordar y quién es el verdadero protagonista educativo. Al mismo tiempo el aumento de número de hispanohablantes en todo el mundo ha incrementado el interés por nuestra lengua, pero este hecho no hace más que situarla al mismo nivel de exigencias en cuanto a la inclusión de nuevas metodologías, estilos de aprendizaje, incorporación de tecnologías, etc.

La enseñanza de lenguas ha ido evolucionando desde la clase presencial, la semipresencial a los métodos innovadores que introducen tecnologías como el *Blended Learning* complementando la forma presencial o el *e-learning* que presenta la clase a distancia. Estos cambios responden a la nueva situación social-laboral que aboga por una educación más flexible con el tiempo y el estilo de aprendizaje.

La enseñanza de español en línea va un paso más allá de la idea de Ellis (1996) sobre las tareas del docente "diseñar y crear entornos de aprendizaje que permitan a los alumnos involucrarse en el propio proceso de aprendizaje". Un profesor a distancia tiene que hacer frente a nuevos roles, situaciones y materiales de forma colaborativa con el alumno, porque en estos nuevos entornos docente y aprendiz tienen que conseguir una relación transparente para que el aprendizaje tenga éxito. Son dos agentes educativos que deben ayudarse para solventar los problemas que aparecen sin avisar, ya que asistimos a una enseñanza llena de imprevistos.

En la misma línea, Verdía (2011:3) defiende que un profesor de LE debe planificar, organizar los contenidos y los objetivos de cada clase, adaptarse a las necesidades y las características de los alumnos para finalmente motivarlos obteniendo un aprendizaje autónomo a la vez que el docente autoevalúa su formación.

La enseñanza de idiomas en línea

Como bien exponen Hampel y Sticker (2007) hacen falta más estudios sobre la formación de profesores en línea; es decir; necesitamos aprender cómo hay que tratar las tecnologías (en cuanto a estrategias y habilidades) con el fin de desarrollar un estilo de enseñanza personal de idiomas en un medio en línea. La falta de formación en la enseñanza virtual de idiomas se puede observar en el uso de las plataformas y la escasez de medios para enfrentarse a ella.

Los cursos de idiomas se han basado en el enfoque comunicativo desde Hymes (1971) focalizando el método hacia las necesidades comunicativas del alumnado. Este enfoque se ve potenciado en este entorno en línea que tiene como base la práctica de la conversación entre personas. Pero debemos plantearnos qué factores y cambios se deben realizar para conseguir un aprendizaje de idiomas a largo plazo. Para responder a estas cuestiones debemos tener en cuenta los siguientes factores:

- El espacio virtual
- La interacción real y con significado
- Apoyo por el docente como guía
- Turnos de habla
- Sincronía
- Hablar y escribir
- La falta de pistas no verbales en la videoconferencia

En un estudio sobre los beneficios de la sincronía, Chun (1994) observó en una clase de alemán que hay ciertos beneficios de la educación virtual que consiguen una mayor variedad en tanto funciones y contextos a la hora de expresarse los alumnos. En esta misma línea, Kern (1995) observaba que la motivación se veía mejorada en los entornos virtuales, se reduce la ansiedad y aumenta la capacidad escrita.

Más recientemente, muchos autores han reflexionado sobre la evolución de la tecnología hasta la educación virtual escrita, podemos hablar de tres generaciones, como las llama García Aretio (1999) que desarrollaron los medios tecnológicos en el campo de la educación:

1. Primera generación (1850-1960): marcada por el docente como único agente educativo que diseña y planifica los cursos. En estos años no intervienen informático en la creación o incorporación de las tecnologías en cursos a distancia, por esta razón, las clases virtuales tienen desde sus inicios aspectos de la enseñanza presencial tradicional.

2. Segunda generación (1960-1958): es el momento en el que se incorporan elementos audiovisuales como complemento a los contenidos de los manuales, pero es cierto que aún el docente sigue siendo el responsable de toda la gestión de los cursos no presenciales o semipresenciales.

3. Tercera generación (1985-1995): finalmente se introducen las nuevas herramientas tecnológicas que eliminan la noción de tiempo-espacio en la educación. Pero para llevar a cabo la asimilación y el correcto uso de estos avances, el docente debe formarse en otras disciplinas y cooperar con expertos de otros campos con el fin de crear materiales de calidad.

A pesar de los beneficios que perciben los autores anteriores, Coverdale-Jones (2000) nos revela algunos de los inconvenientes que presenta la videoconferencia, como eje central, en la enseñanza de idiomas:

- Distorsión de la señal de vídeo-audio que dificultan la lectura de los labios y las expresiones faciales.

- Retraso de tiempo: en cuanto a la gestión de los turnos de habla.

- Si el alumno se ve en el vídeo es consciente del efecto visual que proyecta en la conversación virtual.

Siguiendo la misma idea, en 2003 el profesor De la Fuente lleva a cabo una investigación que tiene como objeto de estudio si la educación virtual escrita sincrónicamente tendría el mismo efecto en la adquisición de vocabulario oral y escrito realizado en clases cara a cara. Los resultados con respecto a las diferencias de adquisición del lenguaje oral entre lo virtual y lo presencial no son estadísticamente significativas.

Por las consideraciones anteriores (Sticker, 2005) se percibe una necesidad de formación sobre los nuevos retos a los que debe enfrentarse el docente de idiomas en línea, en tal sentido Barker (2002) enumera algunas habilidades técnicas y comunicativas que debería tener un profesor de idiomas virtual: uso y gestión del e-mail como la videoconferencia; creación de páginas web; pero no profundiza más allá de las cuestiones de software. Como consecuencia de ello cabe mencionar a los autores Bennett y Marsh (2002) que afirman que no solamente un tutor en línea debe saber enviar un e-mail sino que:

1. Debe captar las diferencias y similitudes significativas entre la cara-cara y en línea.

2. Identificar estrategias y técnicas para facilitar el aprendizaje en línea y ayudar a los estudiantes a explotar las ventajas en el aprendizaje autónomo y colaborativo (pp. 16).

Para ilustrar esto, es de gran importancia teórica y práctica la pirámide de habilidades del tutor en línea de las autoras Hampel y Sticker (2007):

1. Básica: competencia tecnológica básica.

2. Específico software: plataformas.

3. Retos y limitaciones virtuales.

4. Creación de espíritu de comunidad a través de la confianza y la seguridad. Tenemos retroalimentación cuando el tutor otorga oportunidades de aprendizaje a través de un entorno cercano y seguro. De este modo, como en lo presencial, nuestra interacción comunicativa será significativa.

5. Competencia comunicativa: saber crear materiales que fomenten coherentemente la interacción y la intervención del tutor. Lograr un buen ciclo de turnos de habla son un reto para el profesor en línea.

6. Creatividad y elección: elegir correctamente materiales en línea y si no lo son ser capaz de adaptarlos. Por otro lado, el tutor en línea debe ser capaz de crear por sí mismos recursos que se adapten a las necesidades del contexto en sí.

7. Estilo personal: relacionar tus materiales con el alumno y el estilo de la plataforma. Se trata de desarrollar un estilo propio, eliminar

con alguna aplicación la limitación del lenguaje no verbal; aumentar la confianza del alumno; crear recursos adaptables a los alumnos...

Finalmente, un tutor en línea no puede olvidarse que sigue siendo un aprendiente más, debe estar en continua formación y para conseguirlo tiene que tener en cuenta:

- La investigación en la educación en línea y la enseñanza de la L2 con las TIC.

- El intercambio de experiencias e ideas con sus pares del mismo contexto.

- Su propia práctica reflexiva en la enseñanza en línea.

Objetivos Generales: Las plataformas de enseñanza virtual

La enseñanza de idiomas se sitúa en tres entornos de aprendizaje: presencial, semipresencial y a distancia. La educación presencial está más cerca de convertirse en semipresencial al integrar materiales virtuales y ofrecer cursos de formación con una naturaleza híbrida entre lo tradicional y lo innovador. Pero en esta comunicación queremos ir más allá del enfoque *B-learning* y colocar el foco de atención en la enseñanza totalmente virtual.

Es evidente entonces que elementos como la videoconferencia o los blogs tienen otra funcionalidad en las actuales plataformas en línea. En primer lugar, la videoconferencia es la forma natural de interactuar y aprender el idioma, esta manera de conocerse no resulta violenta o nueva para los usuarios de estos espacios virtuales, puesto que es común relacionarse solamente con las tecnologías. Siguiendo esta línea, observamos que la idea de incomodidad del alumno por aprender a través del ordenador o del móvil podría refutarse por el hecho de que actualmente hay que comprender nuevas formas de comunicación, el continuo cambio del lenguaje y la integración de aplicaciones presentes tanto en la vida laboral como la personal. De esta forma se han creado dos plataformas virtuales que tienen como objetivo aprender idiomas con un estilo natural, relajado e innovador: *Italki* y *Verbling*.

Italki

Es una plataforma de contacto entre alumnos y profesores de idiomas con la finalidad de intercambiar lenguas extranjeras a nivel mundial. El profesor de español que desee crear una cuenta en esta plataforma debe crear, en primer lugar, un perfil como docente que consta de una foto, nuestro currículum y un vídeo de presentación. Se contemplan elementos nuevos que un docente de ELE no ha conocido hasta el momento: saber qué es una fotografía "impactante" y crear un vídeo de presentación con un diseño atractivo. Se aprecia la integración de destrezas propias de una persona familiarizada con las redes sociales, el diseño web o incluso el marketing.

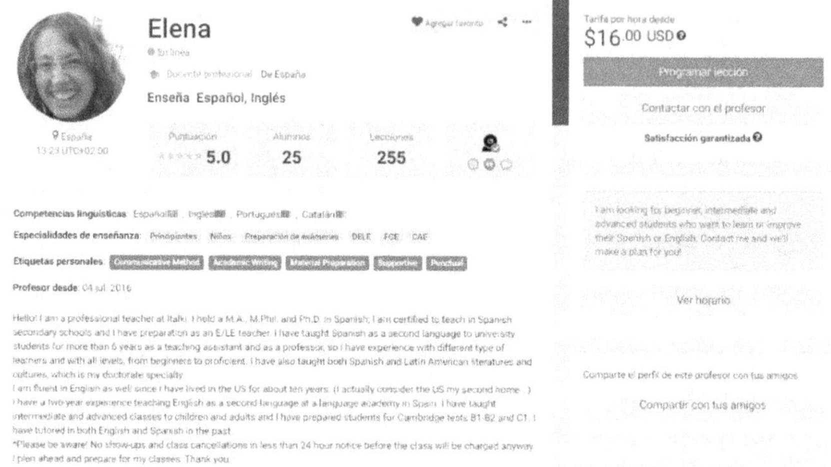

1. Imagen de ejemplo de un perfil de un profesor de español en Italki.

Posteriormente tendremos que planificar el curso y con ello el horario al que podemos dedicarle tiempo a nuestros alumnos, se recomienda tener en cuenta la diferencia horaria con los otros países diferente al nuestro: no es lo mismo la franja horaria entre España y México o China. Son cuestiones que hay que conocer para organizar de la forma más profesional posible, así como qué tipo de clases ofreces:

- Gramática

- Conversación

- Preparación del DELE

- Fines específicos

Según la plataforma podemos ofrecer cuatro tipos de clases:

a. Clases de prueba

b. Sesiones profesionales

c. Sesiones informales

d. Tutorías instantáneas

Con la primera opción, podemos ofrecer una clase de prueba y una tutoría instantánea. Consiste en realizar una sesión de 15-30 minutos en la que el alumno comprueba si quiere empezar a dar clases con nosotros, siendo una forma "innovadora" de tener un primer contacto relajado para conocerse docente-alumno (puede ser gratuita o no). Luego, debemos diferenciar entre una clase profesional y una informal; ambas preparan al alumno sobre un contenido específico pero la disimilitud está en la actitud del docente-alumno que conlleva a crear un ambiente más cercano, relajado y natural. El hecho de poder elegir dar una clase directa o abierta, permite al docente conocer el método que debe aplicar, la forma de comunicarse y la selección de recursos.

La última, creemos que es la más interesante las tutorías instantáneas, las cuales son un servicio que el docente ofrece a alumnos nuevos sin tiempo para preparar la clase. Usualmente lo ponen en marcha aquellos docentes que tienen tiempo libre y les interesa obtener alumnos nuevos de forma rápida ya que esas tutorías duran 30 minutos. Pero realmente tienen éxito si están dirigidas a un aprendiente de nivel intermedio-alto de español que busca mejorar su L2 y por tanto la confianza o seguridad a la hora de conversar íntegramente en esa lengua.

Verbling

Es una nueva plataforma para aprender idiomas a partir de clases temáticas. Tienen un tipo de formato diferente al anterior puesto que esta plataforma se fundamenta en sesiones actualizadas cada día por el profesor proponiendo un tema diferente: léxico específico, contenido gramatical concreto, temas interesantes de conversación, etc.

Esta plataforma, de forma paralela a las clases permite que el docente puede publicar artículos sobre diferentes contenidos gramaticales o simplemente interesantes para los alumnos (el guion de un tema de conversación en una clase anterior) con el objetivo de ser puntuado y valorado positivamente por la comunidad de la plataforma. Esta sección está creada con el fin de promover la sensación de identidad digital dentro de una comunidad en la que docente y alumno están al mismo nivel; aumentan la seguridad de aprender "profesionalmente" un idioma en el que se percibe un buen ambiente entre los diferentes docentes.

2. Imagen de ejemplo de la sección "artículos" de profesores en Verbling.

Esta plataforma virtual ofrece tres tipos de clases:

- Sesiones abiertas
- Sesiones particulares
- Tutorías privadas

En la primera clase pueden incorporarse diferentes alumnos a lo largo de la sesión si les interesa el tema que proponga el docente, porque éste propone un tema concreto que puede ajustarse a los intereses de los alumnos.

Frente a las clases abiertas están las clases particulares, son sesiones privadas y personalizadas que negocian docente-alumno desde el horario, los contenidos al precio por hora. A veces este tipo de "intimidad" lo buscan aquellos aprendientes que necesitan otro ritmo de aprendizaje que no lo puede encontrar en una clase con 5 alumnos desconocidos. En este tipo de selección se conoce rápidamente qué tipo de formación busca el alumno: clase individual, con una planificación y horario específico junto a una serie de contenidos concretos que le interesa aprender clases particulares.

La última forma de enseñanza que presenta Verbling es la tutoría privada, es semejante a las clases particulares, pero se diferencian en que la tutorización se centra más en orientar o enfatizar en aspectos muy específicos. De esta manera la plataforma ofrece este servicio a través de una prueba de 30 minutos en la que el alumno deberá decidir si continua o no con ese profesor. ¿Qué elementos son importantes? El ambiente que perciba el alumno, si el profesor puede enseñarle de forma rápida y eficaz lo que busca o simplemente ajustarse a las necesidades actuales de ese alumno: precio y horario.

Método

La enseñanza en línea presenta como la educación presencial dos tipos de metodologías: uno a uno (particular) o en grupo (colaborativo). Hemos podido observar que en las dos plataformas anteriormente descritas tenemos la posibilidad de elegir sendas opciones, pero en este artículo nos centraremos en la metodología uno a uno para completar la literatura en español sobre el tema y ofrecer una guía al tutor en línea para afrontar este tipo de clases mayoritarias en un contexto virtual.

Ventajas de la metodología *uno a uno*

En cuanto al profesor podríamos enumerar las siguientes ventajas:

- Conseguir una comunicación espontánea y natural.

- Conocer mejor al alumno con el fin de comprender sus necesidades lingüísticas.

- Crear un entorno cercano y real, alejándose de la sensación artificial que tradicionalmente se las acusa a las videoconferencias.

- Personalizar y adaptar meticulosamente los materiales según los intereses del alumno, es decir, alcanzar sesiones a medida.

En cuanto al alumno consideraríamos:

- Aprender un idioma en un entorno conocido y relajado.

- Obtener una retroalimentación inmediata.

- Negociar la planificación total del curso: nivel, precio, horario...

- Trabajar con recursos reales y adaptados a lo que sea relevante para su aprendizaje.

Nuevos retos

En estas plataformas el profesor encuentra una serie de cambios y retos a los que debe ser capaz de hacer frente, a continuación, explicamos brevemente cada uno de ellos:

- Debe ser consciente de las limitaciones de la propia plataforma y software: problemas del visionado de las caras en la videoconferencia y la interrupción del sonido por dificultades técnicas.

- Creación de materiales que "salven" cualquier cambio de intereses del alumno, interrupciones técnicas, cambios de horario, etc.

- Ser capaz de cubrir las expectativas de un alumno con el que interactuará durante un largo periodo de tiempo frente a un alumno que solo estará presente en un curso de 5 días o 1 semana. A esto se añade la presión que puede sentir el tutor en línea ya que tiene que solventar muchos frentes abiertos para acabar con éxito el curso de español concertado.

- Desarrollar habilidades y destrezas lingüísticas, creativas, comunicativas de forma individual, es decir, conseguir una formación personal para trabajar en solitario. En otras palabras, el docente en línea que sigue una metodología uno a uno está solo en el proceso de enseñanza-aprendizaje siendo el único agente educativo que conocerá cómo detectar los errores de su alumno, el estilo de aprendizaje, la gestión de los contenidos, la personalidad, etc.

Asimismo, el segundo agente de este enfoque es el alumno, el cual debe presentar:

- Un actitud responsable y perseverante; el alumno adquiere el mismo compromiso que el docente en el proceso de aprendizaje.

- Consciencia del entorno en el que está y la metodología individual que se basa en la interacción cara a cara con el docente. Es una comunicación limitada a dos personas, pero no quiere decir que sea aburrida o repetitiva, para que tenga sentido, variedad y autenticidad deben comprometerse ambos agentes educativos.

- Una alta competencia comunicativa para ser capaz de crear estrategias lingüísticas y comunicativas para superar retos como la propia detección de errores, el control de la ansiedad, la superación de los problemas naturales en la conversación: mente en blanco, falta de vocabulario, pronunciación...

Tipo de alumnado

El docente en línea además de afrontar los diferentes cambios en cuanto a la forma de enseñar y el lugar, debe conocer qué perfil busca aprender el español en plataformas virtuales. Como enumera Moreno (2011 pp.101) existe una tipología de aprendices:

a) Automotivado

b) Esforzado

c) Dependiente

d) Inconstante

e) Abúlico

Para cada uno de ellos el docente tiene que ser capaz de reconocerlos y ofrecerles un modelo distinto, ya que un alumno esforzado rendirá más con actividades dinámicas donde se interactúe y se promueva la autonomía; mientras que con un alumno dependiente los objetivos de las actividades estarán más centrados en recibir una constante retroalimentación por parte del docente y producir ejercicios no libres sino semicontrolados. Como podemos observar, es una ardua tarea para el tutor en línea conocer de forma rápida al alumno y encajar las actividades para que sea un éxito el curso de español. No hay un método ideal para descubrir cómo son nuestros alumnos, pero podemos integrar dos alternativas:

1. Describir de forma clara y concisa en nuestro perfil de la plataforma qué tipo de profesor somos, qué objetivos queremos cumplir y la experiencia personal que tengas con algún alumnado específico: profesionales, mayores de edad, asiáticos, alumnos del DELE, etc.

2. Crear un cuestionario o test de evaluación de contenidos previo al inicio de curso. Generalmente se aconseja presentarlo en la primera clase o clase de prueba para conocerse mutuamente; el alumno podrá saber cómo van a ser las clases y el docente qué expectativas y recursos tendrá que incorporar en estas sesiones. La primera figura que aparece en el apartado final *Anexo*, es un tipo de cuestionario inicial que realicé personalmente cuando di mis primeras clases de español en línea, que puede ayudar a ilustrar mejorar a qué tipos de materiales nos estamos refiriendo.

Los nuevos roles del profesor en línea

En cuanto a los nuevos papeles que representa el docente como agente educativo en una plataforma a distancia son similares a los que protagoniza en el enfoque comunicativo, puesto que como hemos mencionado anteriormente este método encuentra su máxima potencia en este tipo de entornos virtuales por el mero hecho de tener como base la conversación.

En esta misma línea, podemos agrupar en la siguiente lista los 6 posibles nuevos roles del profesor en línea:

a. Docente

b. Observador

c. Guía

d. Creador de retroalimentación

e. Aprendiente

f. Compañero

En primer lugar, es obvio que actúe como docente o profesional del español tanto por su formación como por su experiencia personal. Por otro lado, no es tan común que dicho docente recuerde que sigue siendo un alumno más, por lo que debe estar en constante aprendizaje para crecer y ser consciente de todos los cambios que tiene que superar. Un docente que está en el lado del alumno será los restantes roles: guía y compañero en el aula, dotando de estrategias de enseñanza-aprendizaje que hagan del curso una experiencia inolvidable, pero para alcanzarlo tendrá que observar sendos lados (personal-académico propio y del alumno) con el fin de ofrecer una retroalimentación significativa a largo plazo.

Dicho lo anterior, cabría añadir otras competencias del profesorado de diferente índole como, por ejemplo, ser diseñador de actividades a través de aplicaciones o programas, que no son propios del campo educativo. En otras palabras, el docente tiene que manejar algunos recursos digitales pertenecientes a diseñadores gráficos o profesionales del marketing. Es un campo totalmente desconocido pero necesario para ser competente en unas plataformas que enseñan español con una naturaleza propia de las redes sociales o del mundo del marketing.

Por tanto, el profesor de español creará actividades dinámicas dentro de una plataforma cuyo origen no es educativo sino de diseño web, obligándolo a integrar en sus día a día distintas aplicaciones para darles un aspecto visual propio de las redes sociales. Anticipamos alguna de estas herramientas, que explicaremos en el apartado posterior, como Canva, se trata de un programa de diseño Web, marketing o redes sociales; con el que fácilmente un docente puede crear infinidad de actividades gramaticales o de comprensión lectora, pero con un formato atractivo y común a la mirada social globalizadora.

Finalmente, no podemos ignorar un último aspecto que debe desarrollar el docente en línea en la sección de las plataformas llamada "artículos". Recordamos que consistía en una especie de Blog en la que cada profesor publicaba un artículo sobre un tema interesante para la comunidad virtual, pero uno de los contras era la promoción de ésta para un fin oculto: encontrar más alumnos por la puntuación positiva que pueden adjudicarte éstos. Es una forma de imponer otro papel más al docente como *blogger* para conseguir una buena reputación según las visualizaciones, los comentarios y las notas favorables que obtenga.

Herramientas para crear materiales virtuales

A lo largo de los planteamientos hechos, podemos ser conscientes de la infinidad de programas que utilizarán nuestros alumnos en su día a día, sin mencionar las redes sociales (Facebook o Twitter). En cuanto al número de literatura sobre tecnologías innovadoras para integrarlas en clase es incalculable, sin embargo, hay falta teórico-práctica sobre herramientas para un contexto tan específico como son las plataformas virtuales. Hemos analizado que Italki trabaja con Skype para aprender idiomas, mientras que Verbling prefiere Google Hangout. Por lo tanto, qué aplicaciones podemos incorporar a ambos programas para trabajar al mismo tiempo que la videoconferencia.

Canva

Hemos anticipado uno de los programas para crear actividades dinámicas, llamado Canva, con el que podemos diseñar desde un test de evaluación de cada ejercicio hasta juegos para elegir una respuesta correcta entre tres opciones. Cabría añadir una aplicación similar conocida como Piktochart, centrada más en la creación de infografías. Para ejemplificarlo mejor, en la siguiente tabla podemos analizar algunas de las posibilidades que nos ofrece el programa Canva:

Hoja de presentación para el alumno	Consiste en diseñar una hoja muy visual y fácil de entender (para todos los niveles) en la que conozcamos al alumno: sus intereses, su nivel de español, sus expectativas... Recomendamos utilizar diferentes imágenes que solventen la incomprensión de alguna pregunta, sobre todo con los niveles básicos.
Test de evaluación de actividades	Para conocer si nuestras actividades son útiles o no, es conveniente crear una hoja con estructura de test (del 1 al 5, SI/NO, pregunta abierta) para evaluar la dinámica del ejercicio. También podemos añadir una autoevaluación del docente sobre su actuación al igual que realiza el alumno.
Aprender modismos y refranes	Diseñaremos en formato de folleto publicitario un modismo o un refrán de la siguiente forma: - Un ejemplo real del refrán o modismo. - Significado de éste. - Imagen que represente visualmente y complemente eoría. Ejemplo en el apartado *Anexo*.
Adivinanzas	Este tipo de actividades son muy divertidas porque podemos darle el aspecto que queramos. Una opción es crear adivinanzas nuevas, si nos interesa crear una actividad previa o de repaso a ciertos temas sobre la historia de España o los gustos de los españoles cuando van de vacaciones; creamos una pregunta con estilo de adivinanza. Por otro lado, se pueden trabajar las tradicionales adivinanzas pero recomendamos que siempre será mejor adaptarlas al nivel o el interés del alumno.
Juegos gramaticales o léxicos	Se trata de crear una dinámica con 3 opciones a partir de una pregunta o una frase. Podemos plantear que solamente haya una única respuesta correcta o dos. Valen para practicar y a la vez evaluar ciertas formas gramaticales, estructuras verbales e incluso grupos léxicos.

Genially

Si buscamos crear actividades interactivas y lúdicas en nuestras clases virtuales, la aplicación que más se adapta es Genially. Consiste en un programa destinado a profesionales de publicidad y marketing, pero también incluye a los docentes, y este hecho de unir la educación con otras profesiones ubicadas en el diseño electrónico, confirman nuestra idea sobre que tanto la enseñanza general como la de idiomas está destinada a sumergirse en el universo virtual.

¿Qué podemos hacer con este programa? Desarrollar desde presentaciones interactivas, mapas mentales o infografías animadas; nos ofrecen una serie de recursos para fomentar la creatividad del docente al proyectar contenidos visuales con significado. Sin embargo, el hecho de integrar este tipo de herramientas a nuestra clase no significa que aspiramos a ser diseñadores web, sino que desarrollamos un tipo de destreza tecnológica para adaptarlo a la nueva enseñanza de idiomas. Dicho de otra forma, sería plasmar la teoría a la práctica, pero en el nuevo mundo digital.

Antes de exponer alguna de las dinámicas que podemos realizar con Genially, es de suma importancia teórica conocer las diversas actividades comunicativas que existen en la enseñanza de español. Para ello seguimos los pasos de Johnson (1982: 164-172) que las enumera de la siguiente forma:

a) Transferencia de información: extraer información y exponerla de forma oral o escrita.

b) Vacío de información: buscar información en otra persona para resolver un problema.

c) Complementariedad: comprender la información para que el compañero pueda realizar su tarea.

d) Dependencia: realizar actividades entrelazadas, sin la primera no se realiza la segunda.

e) Corrección: observar algún error y proponer una solución a ello, pero siempre de una forma positiva. El alumno no puede tener miedo a equivocarse y el docente tiene que ayudar a alcanzar ese pensamiento en la clase.

Debate	Crea un folleto o una serie de cartas sobre diferentes temas de interés para debatir en clase. Enumera una serie de preguntas para que sirvan de guion en el debate.
Mapa de la ciudad	Diseña un mapa visual y fácil, tanto el docente como el alumno tienen el mismo mapa pero les faltan lugares distintos. Necesitan la ayuda de ambos para descubrir cuáles son. Es una forma divertida de aprender y repasar las preposiciones.
Mis propósitos	En esta actividad llevaremos a cabo una hoja con diferentes huecos en los que docente-alumno rellenarán, tanto por escrito como oralmente, según los deseos para el año nuevo. Trabajaremos en equipo y la detección de errores.

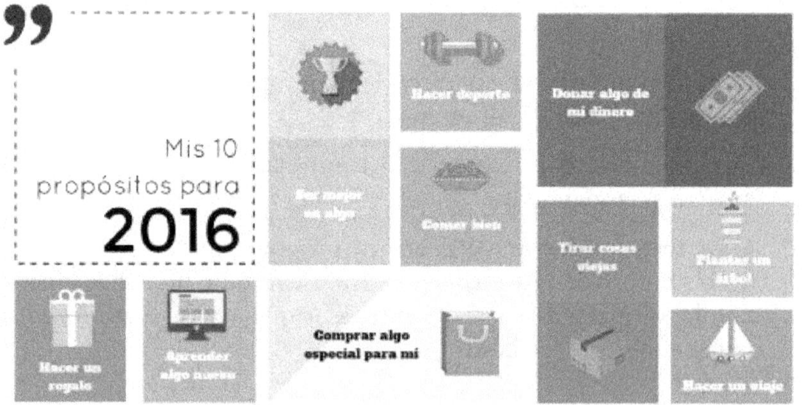

3. Imagen de ejemplo de una actividad con la aplicación Genially.

Pizarra digital

Finalmente, cabría mencionar como herramienta imprescindible de un profesor de idiomas virtual, la pizarra digital para explicar, mostrar o conversar sobre cualquier contenido de la misma forma que en una clase presencial. Este tipo de programas aumentan la potencialidad de las videoconferencias por Skype o Google Hangout, porque podemos no solamente mantener una conversación sino comentar, realizar anotaciones o dibujos que posteriormente pueden guardarse como apuntes de clase.

Recomendamos tres pizarras digitales compatibles con Italki y Verbling:

1. Conceptboard: está integrada con Google y nos permite visualizar comentarios, enviar documentos y modificarlos; al mismo tiempo podemos utilizar el chat o simplemente

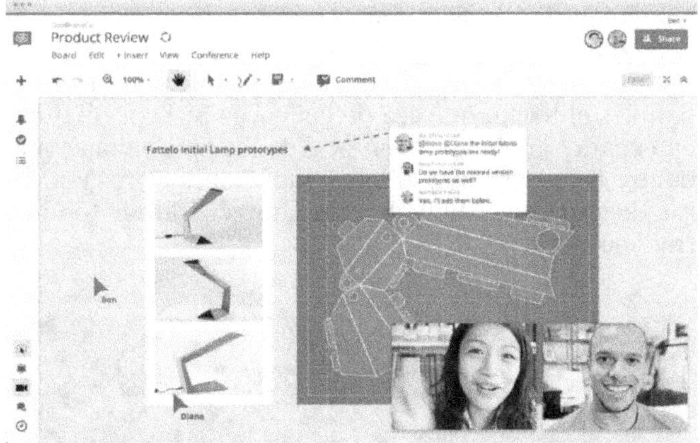

4. Imagen de ejemplo de la aplicación Conceptboard.

hablar. Una contra que presenta esta aplicación es que todas las acciones son de pago, solamente en la versión gratuita podremos tener una reunión virtual de cinco personas como máximo y subir o enviar archivos. Aunque para nuestras clases uno a uno no plantea ningún problema acceder solo a la versión gratuita.

2. Idroo es una pizarra fácil de manejar con Skype, totalmente gratuita y nos permite organizar clases grupales hasta de 10 personas. Nos interesa que es una aplicación que permite tener llamadas de alta calidad que no se ven interrumpidas por las diferentes acciones, como, por ejemplo: insertar y enviar documentos, comentar o dibujar ideas.

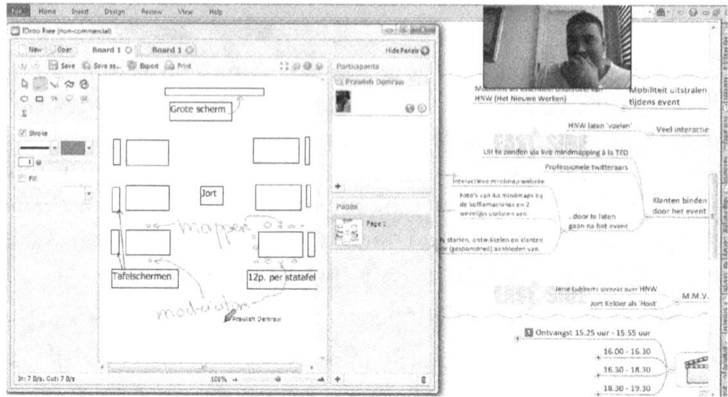

5. Imagen de ejemplo de la aplicación Idroo.

1. Notebookcast: consiste en una pizarra virtual que no necesita instalación de software, básicamente compartiendo la URL personal al alumno puede participar con el docente. Para muchos tutores españoles el hecho que sea de las pocas pizarras digitales accesibles en español la convierte en una de las aplicaciones más utilizadas, dentro de este grupo. Al igual que las anteriores podemos incorporar documentos, dibujar, comentar y guardar todo como apunes tradicionales.

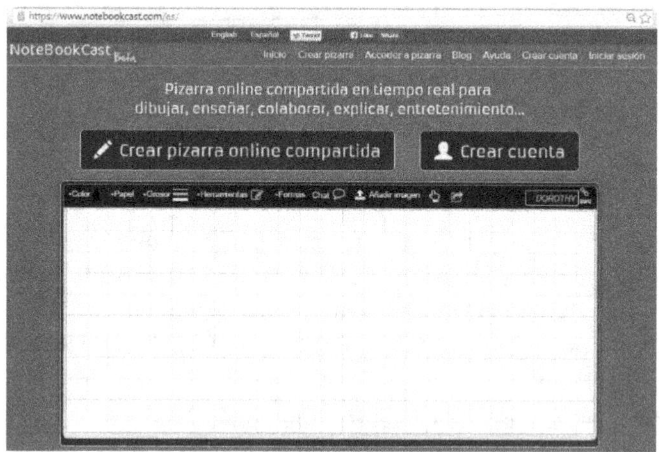

6. Imagen de ejemplo de la aplicación Notebookcast.

Finalmente, con los análisis anteriores, podemos observar la cantidad de posibilidades que existen para trabajar el español en línea. Comprobamos que no solamente conversamos delante de una cámara, sino que interactuamos de forma lúdica, creamos actividades dinámicas que despiertan destrezas nuevas como docentes y sobre todo llegamos a alcanzar un aprendizaje con significado y emocional para ambos agentes educativos.

Discusión y conclusiones

A lo largo del artículo hemos dibujado un camino que nos ha llevado hacia la situación actual de la enseñanza del español, recorriendo por los nuevos horizontes que están por descubrir y el perfil del docente en línea que llega a aprender habilidades inesperadas en la educación. Con todo ello, nuestra intención ha sido exponer el panorama al que está haciendo frente un profesor de español en plataformas virtuales que están muy lejos de la teoría que se aprende.

Percibimos la necesidad de perfilar y concretar más la formación y el perfil del profesor de lengua española en línea, ya que la ausencia de ello es patente en el gran porcentaje de personas que enseñan español frente a los profesionales del área. Y hemos querido mostrar que varios de los factores por lo que ocurre estaría en la necesidad de integrar formación sobre la enseñanza virtual, actualizar los nuevos roles a los que se enfrenta el profesor de idiomas: guía, observador, mediador, diseñador de actividades... Porque una de las ideas que gira en torno a este trabajo es la figura del docente como un continuo aprendiente, que ante la mirada globalizadora no puede dejar de formarse porque la educación sufre los cambios bruscos de la sociedad tecnológica como el resto de las profesiones. Siguiendo esta línea, hemos llegado a ver que la enseñanza está incluida en programas propios de diseñadores gráficos o especialistas en marketing; y todo ello no puede dejarse atrás, sino que debe ser una razón más para comunicar de diferente forma.

Asistimos a una nueva etapa donde sociedad y educación están unidas, por lo que ubicamos la enseñanza del español en una realidad nueva y con una metodología que en un principio parece individualista pero que presenta una naturaleza colaborativa, a pesar de estar formada por dos personas. Demostramos que alcanzar esa cooperación es una tarea afanosa para ambos agentes educativos pero que es posible teniendo en cuenta elementos esenciales como el esfuerzo, la participación, el factor afectivo, la creatividad o la motivación. Confiamos en que la unión de la educación con las tecnologías nos ofrezca nuevas creencias cuyo sustento sea el aprendizaje significativo y la experiencia memorable de un curso de idiomas.

En conclusión, no olvidemos que esta ponencia no aboga por un cambio de papeles hacia el docente, sino que busca estimular y renovar las capacidades dormidas o simplemente nuevas. Queremos recordar que somos capaces de evolucionar como hemos ido haciendo a lo largo de la historia de la enseñanza del español: enfoques tradicionales, directos, audio-orales, comunicativos. Seremos espectadores e investigadores de lo que nos depare el futuro buscando la mejor respuesta a la educación con el fin de saber cómo adaptar todos nuestros conocimientos a las nuevas circunstancias socio-educativas.

Anexo

Actividades para la enseñanza del español en contextos virtuales

Figura 1. Imagen sobre un ejemplo de cuestionario para el perfil de un alumno virtual.

Figura 2. Ejemplo de una plantilla creada con la aplicación Canva para la enseñanza de los refranes en clase de español, con un aspecto bastante visual para facilitar el significado del dicho popular relacionado con una imagen.

Referencias bibliográficas

Barker, P. (2002). On being an online tutor. *Innovations in Education and Teaching International*, 39(1), 3–13. Recuperado de: http://www.tandfon-line.com/doi/abs/10.1080/13558000110097082 [Recuperado 3/05/2017]

Bennett, S.; Marsh, D. (2002). Are we expecting tutors to run before they can walk? *In Innovations in Education and Teaching International*, 39 (1), 14–20).

Chun, D. M. (1994). Using computer networking to facilitate the acquisition of interactive competence. System, 22(1), 17–31.

Coverdale-Jones, T. (2000). The Use of Video-conferencing as a Communication Tool for Language Learning: Issues and Considerations. *IALL Journal of Language Learning Technologies*, 32 (1), 27–40.

Fuente, M. J. (2003). Is SLA interactionist theory relevant to call? A study on the effects of computer-mediated interaction in L2 vocabulary acquisition. *Computer Assisted Language Learning*, 16(1), 47–81. Recuperado de: http://www.tandfonline.com/doi/abs/10.1076/call.16.1.47.15526 [Recuperado 5/05/2017].

Ellis, N. C. (1996). *Analyzing language sequence in the sequence of language acquisition: Some comments on Major and Ioup: Studies in Second Language Acquisition*. 18, 361-368. Recuperado de: http://www-personal.umich.edu/~ncellis/NickEllis/Publications_files/SSLA-Rebuttal-REVISED.pdf [Recuperado 3/05/2017].

Ellis, R. (2003). *Task-based language learning and teaching*, Oxford: Oxford University Press.

Hampel, R., & Stickler, U. (2005). New skills for new classrooms: Training tutors to teach languages online. *Computer Assisted Language Learning*, 18(4), 311-326.

Hymes, D. H. (1971). Acerca de la competencia comunicativa. En Llobera et al. (1995). *Competencia comunicativa. Documentos básicos en la enseñanza de lenguas extranjeras.* (pp. 27-47). Madrid: Edelsa,

Kern, R. G. 1995. Restructuring classroom interaction with networked computers: Effects on quantity and characteristics of language production. *The Modern Language Journal*, 79(4), 457–476.

Stickler, U., Batstone, C., Duensing, A., & Heins, B. (2005). *Distance and virtual distance: Preliminary results of a study of interaction patterns in synchronous audio graphic CMC and face-to-face tutorials in beginners' language tutorials*. Recuperado de: http://oro.open.ac.uk/5691/ [Recuperado 25/04/2017].

Verdía, E. (2011): *De la adquisición del conocimiento al desarrollo de la competencia docente: profesionalización de los profesores de ELE*. Recuperado de: http://www.encuentroselecomillas.es/archivos/Actas_Encuentros_ELE_2010_B.pdf [Recuperado 5/05/2017].

*Este libro se terminó de elaborar en enero de 2018
en la ciudad de Sevilla, bajo los cuidados de
Francisco Anaya, Director de Egregius Ediciones.*